放送大学叢書049

となりの

となりの心理学　目次

「心理学」と聞いて、多くの人は何を連想するのだろうか？　フロイト、ユング、アドラーといった有名な心理学者たちの名前だろうか？　フロイトやユングの主張に従えば、心理学は、「自分では気づくことのない、心の奥深くに眠っている無意識」について研究する学問だということになるのかもしれない。また、「心の闇」から引き起こされる心の病について研究するのが心理学だと考える人もいるかもしれない。そのように考える人にとっては「トラウマ」「ＰＴＳＤ」、あるいは「うつ病」「ギャンブル依存症」といった病、さらには「サイコパス」「多重人格」など、なんとなく不気味だけれど気になる言葉を駆使する学問だというイメージがあるかもしれない。

一方、大学や短大で「心理学概論」という授業を取ったことがあるという人も少なくない。だが彼らは口を揃えて「内容は全然覚えていないけど、とにかくすごくつまらなかった」と言う。その原因の一部は、筆者を含めた教員側の努力不足にあることは否定できない。しかし、同時に授業で取り上げられる話題の中に、先に挙げたような言葉が全然出てこなくて、代わりに「錯視」だとか「学習」などという、無味乾燥であまり魅力を感じられない言葉ばかり登場し、しかも、それらについての「論理的な」説明が延々と続けば、つまらないと感じるのも無理からぬところかもしれない。

ところが、不思議なことに筆者が勤務していた放送大学では、心理学はなかなかの人気科目なのだ。十代後半から二十代前半の学生にはまるで人気のない心理学だが、学生の平均年齢が四十代後半である放送大学の学生たちからは、「面白い」「もっと早く学びたかった」と評されることが少なくない。これはなにも、放送大学の教材が並外れて優れているからというわけではなく、むしろ学ぶ側である学生さんたちが、心理学の方に近寄ってきてくれたからだと考えた方が良さそうである。

放送大学で心理学を学びたい、学ぶ必要があると思った理由も人それぞれである。たとえば、看護師をしながら学ぶ学生は多数いる。彼らは、苦しむ患者さんをケアする時、どうしても学校で学んだ看護学や医学の知識だけでは間に合わず、患者さんの心を知る必要に迫られて、心理学を学ばなければと思うようになったという。また、勤務する病院側からそれを求められる場合も少なくない。一方、仕事に追われていて、子どもの成長をじっくり見ている暇がなかったという元会社員の男性もいる。彼は、定年退職後に時間のゆとりを得て、孫の日々の変化をつぶさに見ていて、人の成長がいかに不思議に満ちているかを思い知り、心理学を学びたいと思ったという。また、子育てを終えて、地域のボランティア活動を行う上で、活動団体から心理学を勉強することを求められたという中年女性の例も数多い。

理由はさまざまだが、社会の中で、家庭の中で、若い頃には知らなかった、さまざまな人のあり様を見るにつけ、心理学を学んでみたい、学ぶ必要があると感じる人は少なくないようである。そもそも心理学という学問は、「人の営み」のすべてに関わりを持っているといってよく、心理学が守備範囲としている話題は膨大である（詳細は序章を参照のこと）。つまり、先ほど例に出した「依存症」「多重人格」「ＰＴＳＤ」といった言葉は、心理学の守備範囲の中の一例にすぎないのである。それよりはむしろ、我々が日常当たり前のように出会う出来事や、毎日のようにしていることの中にたくさんの「謎」が潜んでいるのであり、心理学は人間が持つさまざまな特性から、そこにある問題を指摘し、その問題に説明を加え、可能ならその問題に解決策を提示することを目的としている。

膨大な心理学の話題の中からトピックを抽出するにあたり、「本書を手にするすべての人に関係のある話題」を選ぶことにした。

結果、私たちにとってあまりにも身近で、当たり前すぎる話題ばかりが集まったが、心理学を少し知れば、それらが少しも当たり前ではないことに気づかされるだろう。宇宙や海底の探検には多くの未知との遭遇が待っているが、私たちの心にも、実はそれと同じくらい多くの謎が無意識の世界以外にも宿っていることを、本書を通じて少しでも感じていただければ幸いである。

星 薫

心理学者は何に興味を持っているのか？

「はじめに」で述べたように、現代の心理学者というのは、必ずしもフロイトやユングの後継者ばかりではない。それでは彼らは実際にどういったことを研究しているのだろうか。私の手元に二〇〇八年にアメリカで出版された、現代の心理学の多様な話題の中から、代表的なものをハンドブック形式で紹介した本がある（あえて日本語訳すれば「二十一世紀の心理学」というタイトルである）。そこには、一〇四の話題が掲載されているが、これでも心理学が扱う話題をすべて網羅しているわけでもない。しかし、この本に紹介されている話題をざっと眺めてみれば、現代の心理学者の多くがどんなことに関心を持っているかを、ある程度把握できるだろう。

この本に収められた百四の話題は、十四の大項目に分けられている。その大項目の一番目は「心理学の歴史」である。どの学問分野でもそうだが、まずはその学問がどういう経緯で生まれ、どのような発展過程を辿ったかを知ることから話は始まる。また、こうした心理学の歴史について研究する心理学者もいる。心理学は意外に歴史が短く、現代心理学と呼ばれる今日の心理学は、一八七九年に誕生したとされている。人の誕生年と違って、学問の誕生年が明確にわかっていることは珍しい。実はこの年は、ドイツのライプツィッヒ大学で、ウィルヘルム・ヴントという生理学の教授が、大学内にあった物置小屋を改造し、「心理学実験室」という看板を掲げて心理学の「実験」を始めた年である。それを記念して「心理学の誕生年」と決めたというわけである。一方、フロイトをはじめとする無意識の心理学や精神分析学には、これとは別の歴史がある。こちらもほぼ同時代にその起源があり、現代心理学同様、その歴史はあまり長くない。

先ほどの本に戻ると、この一番目の大項目では、その短い歴史を十九世紀、二十世紀、そして二十一世紀の心理学としてそれぞれ一章ずつにまとめた上で、さらに「心理学の中の女性とマイノリティ」という章も加えられている。最初期に活躍した心理学者たちは、全員が「白人の男性」であったが、二十世紀の初めごろから女性研究者や、いわゆる有色人種の研究者が登場し始め、その数を増やしていく。女性研究者は今では当たり前になったとはいえ、有色人種の研究者が世界的な舞台で、白人研究者と同数活躍しているかといえば、まだそこまでは至っていないのが現実だろう。ちなみに日本人女性で初めて、心理学で学位を取得したのは原口鶴子という女性で、アメリカのコロンビア大学に留学し、一九一二年にみごと博士の学位を取得したのだが、残念ながら二十九歳の若さで結核のために亡くなっている。

二番目の大項目は「基礎的研究法と分析技法」である。先に述べたように、心理学は非常に膨大な数の話題を研究対象としている。従って、その研究の仕方も多様で、その話題だけで七つの章を要している。ヴントが実験室を作って始めた実験的研究法は、現在でも主要な方法の一つではあるが、それだけですべての研究が可能なわけではない。たとえば、ものの長さや重さを測るには、物差しや重量計が必要だが、人の知能の程度や、憂鬱な気分の程度を「測る」には、当然ながら特別な物差しが必要になってくる。そこで心理学者たちは、そうした「はかり」を用意するところから始め、「はかり」をどう作り、実際にどう測ればよいのか、さらには正確に測れているのかどうか、どのように確認すればよいのかといった問題を一つずつ解決していかなければならない。それらもまた心理学者の仕事の一つである。

三番目は「神経科学」である。心理学の本のはずなのに神経科学というのは、一見すると不思議に思われるかもしれないが、これは心がどこにあるかという議論と深く関係している。この問いに対し、今でも自分の胸を指さす人は少なくないが、心が「脳」にあると答える人も多いだろう。心の在処が脳にあるとしたら、その脳についてまず知っておかなければならないというのが、この大項目の趣旨である。

その一方で、複雑極まりない脳を徹底的に解明すれば、もはや心理学など必要ないのではないかという議論もある。それに対して心理学者たちは、例えばこんな比喩を用いて反論する。どんな内容の映画なのかを知るのに、ＤＶＤプレーヤーをいくら徹底的に分解してみても無駄である。脳はこのＤＶＤプレーヤーに似た役割を果たしており、脳をいくら詳細に調べてみても、人がどんなことを考え、感じ、見聞きしているのかはわからないのではないかというのである。だが脳研究がまだ十分な発達を遂げていない今日の段階で、心理学の要不要を議論してもあまり生産的でないのかもしれない。

四番目は「感覚と知覚」であり、その中には九つの話題が取り上げられている。我々はよく「五感」という言い方をする。視覚、聴覚がその代表例だが、それに味覚、嗅覚、触覚を加えて五感である。しかし実際には、私たちにはもっと多くの感覚があり、それぞれ脳に情報を送ってきている。例えば、お腹がすいたと感じるのは、内臓感覚という五感とは別の感覚があるためだ。

五つ目は「進化と行動」と題される大項目である。私たちは確かに、間違いなく「人間」なのだが、「霊長類ヒト科ヒト」という名の動物でもある。だから、進化という視点で見ると、現代人も進化の過程で獲得した行動をさまざまな形で継承してきている。進化の視点から人間の行動を探ろうとする「進化心理学」、さらに、他の動物の行動との比較で理解しようとする「比較心理学」などがここでは紹介されている。

六番目は「基礎的学習過程」と題されている。私たちは「条件反射」という言葉を日常語として使うことがあるが、この条件反射も一種の学習である。つまり、私たちが生まれつき持っていたものではなく、経験の中で身に付けた行動の一部ということである。私たちはこうした「学習過程」を通じて、いろいろな行動を獲得している。そうしたメカニズムや方法について概説しているのがこの大項目である。近年、こうした学習過程を利用することで、子どもの問題行動や、恐怖症のような心の病の改善、さらには生活習慣病の改善などに役立てる試みが広がってきている。

七番目は「個人差と人格」で、六つの話題からなっている。このあたりになってやっと、多くの人が「心理学らしい」と感じるようになるのかもしれない。私たちが個々人の違いを認識するのは、性格、知能、そして感情表現や関心の持ち方などの違いなどによってだろう。そこで、この大項目に含まれる六つの話題のうちの二つは、そうした人の違いを「測る」ための方法に関するものである。残りは性格（心理学では人格という）に関する話題、知能に関する話題、そして感情と動機づけに関する話題からなっている。

八番目は「認知心理学」と題されている。認知というのは、人が自分の周りの世界を認識し、その人なりの仕方で解釈する過程のことをいう。認知が可能であるためには、知識や経験などを蓄えておくための記憶、そしてそれを表現するための言語、さらに言語を使ってものを考え推理する働き、特定の問題（たとえば数学などの問題だけでなく、日常生活で生じるさまざまな問題）を解く問題解決などが必要である。認知心理学は、そうした要素がどう働き合っているのかを知ろうとするものである。

さらに、私たちの日常的な認知の働きを、発達した今日のコンピュータで再現する試みも数多くある。これは人工知能研究と呼ばれるもので、この大項目の中の一章にもなっている。最先端の人工知能は、チェスの試合で名人を破るほどの能力を備えている。ただし、人工知能が行う「認知」のメカニズムは、人間のそれとは質的にかなり異なっており、人工知能は「人間が賢くなった状態」というわけではない。

九番目は「発達心理学」である。発達心理学は、胎児期から老年期までの人間の発達的変化が、なぜ起こるか、どのように起こるかを知ろうとする研究領域である。半世紀前までは、生まれたばかりの乳児というのは、何もできないものだと考えられてきた。だが実は、運動能力以外は非常に有能な存在で、生まれた瞬間から目も見え、母親の胎内での記憶さえもっていることが、乳児心理学の研究の中で明らかにされてきた。また、体や見かけの変化は子ども時代が最も大きく、一旦成人したら、その後は「老い」という変化だけであるように思われがちである。しかし、若い成人にも、中年期にも、そして老年期にもそれぞれさまざまな変化が訪れる。そのため、今日の発達心理学では、乳幼児期から青年期を経て成人期、老年期までをその守備範囲に含めている。

さらに、この大項目には人の発達的変化だけでなく、「発達障害」と呼ばれる問題も含まれており、「自閉症」「ＡＤＨＤ（注意欠陥多動性障害）」にそれぞれ一章ずつがあてられている。

十番目は「社会心理学」である。改めて言うまでもないが、人間は一人で生活することはなく、必ず社会の中で暮らしている。だから、生まれてから死ぬまでずっと社会の影響を受け続け、また社会に影響を及ぼし続けている。例えば私たちは、集団の中に入ると、一人の時には思いもしなかった考え方や感情を持ってしまうことがある。非常に古く十九世紀に行われた実験では、一人で糸巻きをした時の作業成績は、隣で誰かが同じ作業をしている時の成績よりも劣るのだという。この実験が示すとおり、誰かがそばにいるというだけで、私たちは他者から影響を受けているということである。社会心理学は、人に対する人の影響、あるいは人の集団が人に与える影響をさまざまな場面で考える。

十一番目は「健康、ストレスとコーピング」である。今日我々は、ストレスが心と体の両方に悪影響を及ぼしやすいことを知っている。さまざまな病気の原因として、その一部に我々の心が関係していると考えられるので、健康を考える上でも心理学の役割が無視できない。そこで、最近になって「健康心理学」という分野が誕生している。私たちは大小さまざまなストレスにさらされるが、心や体にストレスがかかると、私たちの心はそれに反応して対処しようとする。それはちょうど、体内に入ってしまった有害物質を、下痢や嘔吐によって体外に排出しようとする体の反応に似ているかもしれない。私たちの心も、傷ついてしまうのを防ぐために、加えられたストレスに反応しようとする。この反応は「コーピング」と呼ばれる。また、体がその回復力によって、病気から立ち直るように、私たちの心にも「レジリエンス」と呼ばれる回復力がある。幼少期に過酷な環境に置かれてしまっても、たくましく健康な大人へと成長できる人もあるが、それはその人のレジリエンスが強かったということである。

十二番目は「行動障害と臨床心理学」である。ふだん心理学になじみのない人にとって、最も「心理学らしい」と感じられるのは、この大項目に集められた話題かもしれない。紹介されているのは、さまざまな心の病（行動障害）と、精神医学でなく心理学の立場からそれらの治療に当たる「臨床心理学」に関する話題である。前者の話題として取り上げられているのは、「不安障害」「気分障害」「統合失調症」「薬物耽溺」「解離性障害（いわゆる多重人格）」などである。後者には、セラピストが守るべき倫理、診断、心理療法の数々が挙げられている。

十三番目の大項目は「応用心理学」である。臨床心理学も、応用心理学の一つではあるが、このハンドブックでは大項目の十二番目に独立した項目として扱われている。心理学は「基礎心理学」と「応用心理学」とに分けて考えることもできる。基礎心理学というのは、人類が共通に持つさまざまな特性や、そのメカニズムについて探求しようとする心理学である。一方、応用心理学は、現実の場面で起こっているさまざまな問題を解決することを目的としている。そうした応用心理学の話題のうち、このハンドブックで取り上げているのは、産業・組織心理学、ヒューマン・ファクター、コミュニティ心理学、スポーツ心理学、環境心理学、法と心理学、応用行動分析、組織行動管理というテーマである。本書には記載がないのだが、犯罪心理学や教育心理学も入れるとしたら応用心理学の一部門として分類されるだろう。

多くの人に比較的なじみのある犯罪心理学と教育心理学がこの本に含まれていないことを、訝る人もあるかもしれない。実はこれらの心理学の話題は、この本ではいくつかの大項目の中に分散されているのである。例えば犯罪心理学に関係した話題は、十二番目の大項目「行動障害と臨床心理学」の中にある。また、教育心理学的な話題は、第八番目の大項目「認知心理学」の中で「記憶や理解との関係」として、また第九番目の大項目「発達心理学」に「成長途上にある子どもたちや青年たちの姿」として、さらに第十番目の大項目「社会心理学」に「学級という集団の中で生活する子どもたち」として扱われている。
十四番目は「人の多様性」と題されており、例えばLGBTの問題、宗教の問題、文化による人の相違の問題などが論じられている。

さて、長々と心理学の多様な研究対象について紹介してきたのだが、最後に本書の九つの章で取り上げる予定の話題について紹介しておこう。

・第一章：動物としてのヒトと、人間としての人を両面から考える。これは、先に紹介したハンドブックの内容でいうと、「動物としてのヒト」は、第五番目の大項目「進化と行動」で扱われている内容が中心であり、「人間としての人」には、認知心理学、社会心理学、応用心理学などの話題が少しずつ登場する。
・第二章：誕生してから、成人し老年期に至るまでの変化について考える。この話題は、ハンドブックの第九番目の大項目「発達心理学」に該当するものである。
・第三章：目や耳などの感覚器官を通して取り込まれた外界の情報を、我々がどのように理解し利用しているのかを考える。これはハンドブックの第四番目「感覚と知覚」に集められている話題に相当する。

・第四章：私たちの記憶の働きについて考える。これは、ハンドブックの第八番目の大項目「認知心理学」の話題の中の一つである、記憶の章に該当するだろう。

・第五章：私たちが生後、さまざまなことをどのように会得していくのかについて考える。これはハンドブックの第六番目の大項目「基礎的学習過程」の中に含まれている話題である。

・第六章：第四章と同様、ハンドブックの中の大項目「認知心理学」に属する話題である。しかし、こちらは記憶そのものというより、頭の中に記憶されている情報をもとに、我々がどのようにこの世界を把握し、理解しているのかについて考える。

・第七章：第七章から第九章はいずれも、ハンドブックの第七番目の大項目「個人差と人格」の中にある話題をそれぞれ個別に扱っている。まず第七章では、私たちが持つ怒りや喜びなどの感情について考える。同時に、感情が心の病とも関係しているという話題に触れるので、第十一番目あるいは第十二番目の大項目「健康、ストレスとコーピング」「行動障害と臨床心理学」の中の話題にも若干触れることになる。
・第八章：頭が良いということは、ＩＱで決まるのかという話題について考える。
・第九章：私たちの性格について考える。ただし、心理学では私たちが日常的になじんでいる「性格」という言葉でなく「人格」という用語を用いる。

心理学には、独特の言葉遣いが数多くある。今紹介した「人格」もその一つだが、日常用語として使う言葉とは、多少違うニュアンスで使われる言葉も少なくない。本文中ではできるだけ心理学の言葉を、日常用語に「翻訳」するよう努めたつもりだが、そのことに注意しながら、読み進めていただくよう、あらかじめお願いしておく。

◉第一章

人はどこまで動物か？

私たちは自分のことを「～の母（父）親」「～の友人」などと他者との関係で考えたり、「係長」「ボランティア団体の会長」などの役割、あるいは「走るのが速い」「数字が苦手」などの自分の能力的特徴で考えたりと、さまざまに自己認識している。だが私たちは同時に、生物学的な存在でもある。つまり、普段あまり意識しないが、私たちは人間であるのと同時にヒト（ホモ・サピエンス）という種類の動物でもある。

ヒトがサル（最も近いのはチンパンジー）から分かれて独自の進化を開始したのは、五百～六百万年ほど前からだと考えられている。人間の生命の長さから考えれば、この歳月は想像を絶する長さにも思えるが、進化の物差しの上ではむしろ「ほんの最近」なのだそうである。つまり、はるか昔から人間だったわけではなく、いわゆる「人類」になったのは、実は比較的最近のことらしい。特にネアンデルタール人やクロマニヨン人でなく、現生人類と呼ばれる我々の直接の祖先がこの地球上に生まれたのは、わずか二十〜三十万年前なのだという。だが、多くの宗教は独自の起源説話を持っており、サルから人へと進化したという話は、その起源説話と矛盾する。特にキリスト教では、人間は神の姿を模して造られた特別な存在であり、他の動物とは違うと考えられているのに、祖先がサルだったというのはこの信念にも反することになる。しかし今日では、ローマ教皇故ヨハネ・パウロII世による声明をはじめ、主要な宗教のほとんどが進化論の見解を認め、彼らの宗教的教えに反するものではないと考えるようになった。

動物としてのヒトは、その身体的性能という点で他の動物と比べてみると、かなり貧弱である。空は飛べないし、オリンピックの金メダリストだって、イルカほど早く泳いだり、長く水に潜っていることはできないし、競走馬と競って勝つこともできない。その上、爪や牙のような武器も持たないし、目や耳などの感覚器官もそれほど鋭敏ではない。皮膚の表面は毛や堅い皮膚で覆われていないから傷つきやすい。もし現代人が何も武器を持たずに、裸でジャングルや平原に放り出されたら、生き残ることなどまずできないだろう。

動物としてはこれほどに弱い存在であるヒトが、生き残っただけでなく、地球上にあまねく広がって、我が物顔で地球上を闊歩するようになったのは、ヒトという動物が、身体能力の弱さを補って余りあるほどの知的能力を持っていたからだと考えることができる。そのことを、フランスの思想家パスカルは次のように表現している。

「人間は一本の葦に過ぎない。自然の中でも一番弱いものだ。だが、それは考える葦である。これを押しつぶすには、全宇宙はなにも武装する必要はない……しかし宇宙が人間を押しつぶしても、人間はなお、殺すものより尊いであろう。人間は、自分が死ぬこと、宇宙が自分よりまさっていることを知っているからである……」（パスカル『パンセ』角川文庫、田辺保訳）。

パスカルのいうヒトの知的能力の高さを支えたのは、ヒトが進化の途上で手に入れた、いくつかの特徴である。それらの代表例は、二足歩行、頭蓋容量の増大、そして自己認識である。ヒトは二本の足で歩行することで両手が自由に使えるようになった結果、脳の容量が大きくなり、大きくなった頭蓋骨を直立姿勢で支えるという、他の動物にはない奇妙な姿勢を手に入れた。ヒトは、その大きな脳でさまざまなことを可能にしていったが、その一つとして、鏡に映っている像が自分であり、その自分とはどんな存在なのかということを認識できる「自己認識」という能力を得たことである。自分は弱くて、死ぬ運命にある存在だと知ることができるのも、自己認識の能力を持っていればこそである。

一 「未熟児」であることの利点

私たちの周囲にいる動物たちを見まわしてみると、同じ哺乳動物でも、乳児の姿に違いがあることに気づく。ゾウ、ウマ、キリンなどの動物たちの乳児を思い出してみると、彼らは生まれるとほんの一時間弱で自分の足で立ちあがる。最初はヨタヨタしていても、間もなくしっかり歩き始め、体は小さいものの、母親の乳を自分で歩いて探しに行くことができる。翌日には、母親のそばから離れて、自分の足で走り回ることさえできるようになる。この種の動物は離巣性と呼ばれる性質を持ち、母親の胎内で十分に育ってから生まれてくるので、生まれた時には既に「小さいけれどほぼ一人前」である。もちろん彼らとて、生まれてしばらくは母乳が必要だし、自分の仲間と敵（捕食動物）の見分け方とか、食べられるものと食べてはいけないものの見分け方などは親から教わるのだろうが、人間の子どもに比べて「手のかからない」子だと言えるだろう。

一方、ヒトが離巣性の動物と同じように、すぐ歩ける程度まで育ってから生まれてくるためには、二、三年ぐらいは母親のお腹の中にいなければならないことになる。だが、ヒトの母親には二、三歳児ほどの大きさに育った胎児は大きすぎて、到底お腹に抱えていられない。だから、ヒトの子どもはいわば「未熟児」の状態で生まれてくるのだと考えられる。ネコやイヌもまた生まれた直後の、目も見えず、母親のおっぱいを求めてモゾモゾ動き回る姿は「未熟児」と言ってよいのだろう。人間を含めた、未熟児状態で生まれてくる動物は、先ほどの離巣性に対して留巣性（あるいは就巣性）と呼ばれる。巣の中で一定期間、親の庇護を受けないと生きていかれない性質の動物たちである。

こうした乳児の姿の違いは、母親動物の体の大きさだけが理由で生じたものとも言えない。鳥類のヒナに見られる「刷り込み」とか「刻印付け」と呼ばれる現象をご存じだろうか。卵が孵化して外に出てきた鳥のヒナたちが、生まれて最初に見る動くものを親だと認識して、その後を追うという現象である。カルガモの親子が行列して歩く姿が時に映像として紹介されるが、これも「刷り込み」現象の結果である。つまり、卵からかえったヒナたちは、外の世界で最初に見た動くものを自分の保護者だと認識して、その後をついて歩き、食べ物をもらい、敵の攻撃から守ってもらう。幸いにして最初に見たものが親であれば何の問題もないが、もし別の動くものに先に出会ってしまうと、親の代わりにそちらを追いかけてしまうことになる。実際、大きなイヌの後を行列するヒヨコとか、オモチャの機関車の後を追うアヒルのヒナなどが、研究として紹介されている。ノーベル医学賞を受賞したオーストリアの動物行動学者、コンラート・ローレンツは、この現象を最初に世に広く知らせた。彼は、ハイイロガンのヒナたちを自分に追随させ、親の代わりに自分が池に入って、泳ぎ方を教えたりした。この「刷り込み」はそのヒナが成鳥になっても継続するらしく、刷り込まれた鳥たちは、成長後、今度はローレンツを交尾相手と勘違いして、イモムシなどのプレゼントを持ってきて、求愛したのだという。

ヒトにこうした「刷り込み」があったら、乳児のほとんどは、自分の親を本当の親だと思えないことになるだろう。現代のヒトの子どもはその多くが病院で生まれるから、「生まれて最初に見る動くもの」は母親であるよりも、看護師や助産師あるいは医師である可能性が高い。改めて母親に会うのは、体をきれいにしてもらった後なのが普通だからである。

鳥の場合は、孵化後できるだけ早く、保護してくれる対象を認識する方が、生存可能性が高くなる。一方、ヒトの場合は出生後にゆっくり親を見極める方が望ましいのである。

また、先ほどの離巣性動物は、確かに生まれてすぐ自分の足で動いてくれるので、世話係としては手間が省けて望ましいのかもしれない。そもそもヒト以外の動物の場合、時代や文化によって、言葉（あるいはコミュニケーション手段）、衣食住、生活形態が違うなどということはまずない。しかしヒトの場合、生まれた時代や場所によって異なることが多すぎるので、何も知らない状態で生まれ、その後いろいろなことを学習するようになっていてくれることは大きなメリットがあると考えられる。

では、身体的に非常に未熟な状態で生まれてくるヒトの新生児は、いろいろなことが学習できるほど知的に優れているというのだろうか？　過去数十年間の新生児研究の中で明らかになってきたのは、彼らが生まれた直後からものを見ることができ、母親の胎内にいた頃から耳も聞こえていて、外界の様子や母親の心音、血流音などを聞いて、それを覚えてさえいるということである。出生直後の乳児の耳のそばで鈴の音を聞かせると、そちらを見ようとするし、顔の前で舌を出すしぐさをして見せると、そのまねをして自分も舌を出そうとする（ただし、生まれたての乳児はほとんどの時間眠っているので、これができるのははっきり目覚めているわずかな時間だけである）。つまり、ヒトの乳児は身体的には非常に非力だが、知覚や記憶という点では、驚くほど有能なのである。だから、ヒトの新生児は一見すると無力で、泣くことと乳を飲むこと以外、何もできないかのように思えるが、その実、人間の社会に適応するための山のような学習を、出生直後から、否、出生前から既に開始しているのである。

人間が他の動物より優れている点は、得た知識や経験を、それを得た当人だけでなく仲間や次世代へと伝えていくことができるという点である。もちろん、親ネコは子ネコにネズミの取り方を教える。子どものチンパンジーは、大人チンパンジーが石で木の実を割る方法をそばで見ていてそれをまね、覚えていく。このように知識伝達は、他の動物にもその例を数多く見ることはできる。だが、人間ほど知識伝達手段が高度に発達した動物は恐らくないだろう。家庭で親から子へという伝達だけでなく、少なくとも先進工業化社会では、幼稚園や学校という教育機関を整備している。人間は、子どもが生まれて数年も経たないうちから、十数年以上かけて子どもたちに教育という組織的な知識伝達を行う。それ以外にも、親方や師匠から弟子への知識伝達法もある。つまり、人間は生まれてから十年以上もの歳月を一人前になるための教育に要することになる。さらに、日本などの先進工業化社会では、子どもを一人前の大人の仲間とみなして、酒を飲んだり、政治参加や、運転や結婚の権利を与えるまでに、二十年前後の年月を求めている。ヒトという種の動物は、自分たちの子どもを一人前の仲間にするために、他の動物に比べて、驚くほど多くの手間と時間とをかけていることになる。

人間の子どもたちは、社会に必要な数々の知識を十数年間学び続ける。その間彼らは、大人たちから人としての責任（例えば働くこと、税金を払うことなど）は免除されて、ひたすら一人前になることを目ざして勉強する。つまり、ヒトは未熟児として誕生するからこそ、一人前の人間になれるのだと言える。途上国では、わずか四、五歳で大人の労働の一部を担わされている子どもたちがいるが、彼らの悲劇は単に「子どもが大人の労働をさせられている」からだけでなく、一人前の人間になるのに必要な学習の機会を奪われてしまっている点にある。確かに彼らだって、いずれは一人前の大人、労働者、親になるだろう。だが彼らは、もし教育を受けていれば実現できたかもしれない、可能性を開花させる機会を奪われてしまっているのである。

二　なぜヘビやクモを嫌うのか？──進化心理学と動物としてのヒト

私たち人間は、その知的能力の高さを武器に、この地球上に広がっていった。そして、その知力の高さゆえに、自分たちは他の動物より「尊い」存在だと信じるようにもなった。だが、本当に人間は他の動物たちとそれほど違うのだろうか？　先ほど述べたように、現代人というのは、約五百～六百万年前に他のサル類から分かれて独自の進化を開始したと考えられている。そうであれば、私たちが人間独自の行動だと思っているものの中には、他の動物と共通のものも少なくないのではないか。進化心理学というのは、人間の行動を進化という視点から理解しようとする学問であり、私たちが「人間なればこそ」と思い込んでいるものの中に実は、ヒトという「動物」の行動として理解する方が理にかなっているものは少なくないのだという。

例えば、ヘビやクモなどを嫌う人は多い。確かに、彼らの姿はあまり見慣れないこともあって、動物園でガラス戸越しに眺めても、あまり気持ちがよいものではない。もちろん、ヘビ好き、クモ好きの人もいるので、すべての人間が同じであるとは言えないが、恐らく七、八割以上の人は、ヘビやクモが大好きとは思っていないだろう。だが同時に、なぜ私たちはヘビやクモに、いちいちゾッとしなければならないのか、その根拠はあまりはっきりしない。進化心理学によると、こうした根拠のはっきりしない嫌悪感は、人類の祖先に由来するものだという。つまり、現代の少なくとも都市部では、日常生活の中で毒ヘビや毒グモに襲われる確率はほとんどゼロに近い。しかし、何十万年か前の人類の祖先たちが平原を歩いていた時代には、毒ヘビ、毒グモは、それに噛まれると死ぬ可能性のある、非常に危険で注意を要する人類の敵であっただろう。つまり、ヘビやクモに平気で近づいていった祖先より、ゾッとしてそれらを避けた祖先の方が、生き残る確率は高い。その結果、私たちは現代ではさほど意味のない、ヘビ恐怖、クモ恐怖を未だに引きずっているのだという。

また、うつ病は現代の社会に蔓延しており、しかも昨今になって、患者数の急激な増加が見られる病の一つである。このうつ病の増加の原因について、進化臨床心理学者のスティーブン・イラルディは現代人の生活が、数十万年以上前の私たちの祖先の生活とあまりにも違ってしまったことが原因なのではないかと主張する。つまり祖先たちは日中、ほとんど屋外の太陽の下で過ごしており、かなりハードな労働（狩り、食物採集、家や道具の制作など）に従事していた。現代の私たちのように核家族で暮らすことはなく、小さいとはいえ核家族を超えた集団（例えば血縁のある親族同士など）で生活していたし、その食生活も現代のものとは大きく異なっていた。そこで、ライフスタイルを祖先の生活に少し戻すことで、うつ病の改善が望めるのではないかとして、イラルディは次のような提案を行った。すなわち、一日に最低三十分は太陽光を浴びること、定期的に運動をすること、毎日のように友人や家族と付き合う（会話や食事をしたり一緒に何かをしたりする）こと、グズグズと考え込まないこと、良い睡眠を取ること、さらにオメガ3脂肪酸（魚油のＤＨＡやＥＰＡなど）を摂取することである。こうした祖先の生活をまねた生活改善法を十四週間続けることで、七〇％以上の患者に治療効果が得られたのだという。こうした進化論的見解は、まだ可能性の域を出ないものではあるが、これもまた私たちが人間であるのと同時にヒトであることを改めて思い出させてくれる一つの事象であると言えるだろう。

多少突飛に感じられるかもしれないが、進化心理学は以下のような指摘も行っている。男性にとっても女性にとっても、親になるというのはそれまでの人生にはない、特異で大きな体験である。親になると自分以外の人間の生活や生命に責任を負うようになるし、自分の人生の長さ以上の将来についても、思いを馳せるようになる。だが、そうした心理的な要素とは別に、動物にとって生殖というのは、自分の遺伝子を未来へとつなぐことでもある。ヒトを含む生物にとっては、遺伝子を次世代に伝えることは、その種が生き残っていくための欠くことのできない営みである。またヒトの場合、子どもに遺伝子を伝えるだけでなく、次世代が生殖可能になるまで養育したり教育したりする必要がある。だから、ヒトにとって生殖というのは、非常に高いコストを伴う仕事だと言える。逆にいえば、それほどのコストを支払ってでも遺伝子を伝えていかないと、種としてのヒトは存続していかないのであり、動物としてのヒトという観点から言えば、次世代に遺伝子を残すことは極めて重要である。

社会的観点でいえば、男女平等がある程度浸透してきている今日の社会でも、生物学的な意味での生殖に関して言えば、決して男女平等ではない。ヒトにとっての生殖のコストという意味では、その多くの部分を負うのは女性であると言える。女性は妊娠し、出産を経験するだけでなく、母乳が乳児の主要な栄養源であったことから、子どもの養育という役割でも、第一養育者の役割を果たすことが多い。つまり、女性にとって生殖の過程とは、受精に始まって、子どもが自立するまでの実に十数年以上の時間を要するものなのである。一方生殖におけるオス（およびヒトの男性）の役割は受精にほぼ集中しており、女性にとって受精が生殖の過程の始まりに過ぎないのとは大きく異なっている。

生殖に関してはこれだけ男女不平等なのであるが、女性には、生まれた子どもが自分の遺伝子を継ぐ存在であるという疑いようのない事実（代理出産でない限り）がその見返りである。一方、受精の時にしか生殖の役割を果たしていない男性にとっては、生まれた子どもが自分の遺伝子を受け継いでいるという保証はない。だが、生まれた子どもを一人前に育てるためには一定の投資（経済的、時間的、精神的に）が必要であることは男女ともに変わらない。もし子どもが自分の遺伝子を継いでいるなら、この投資は十分採算の取れるものだが、もし他人の遺伝子の継承者であるとしたら、生物としては無駄な投資をしたことになる。それを避けるために男性は、子どもが自分の遺伝子を受け継いでいることを確認できる何らかの手がかりを必要としているのではないかという可能性が考えられる。

この仮説を調べた以下のような研究がある。数名の大学生たちの写真を、コンピュータのモーフィング技術を用いて乳児の写真に変形させた。その後、他の乳児の写真何枚かと共に、彼ら自身の顔から作られた写真を本人に見せ、もしあなたが養子をもらうとしたらという仮定の問いに答えてもらう。例えば「この中の赤ちゃんのうち、どの子なら養子にしてもよいと思いますか?」あるいは「毎月五十ドルずつ渡してもよいと思いますか?」と聞いて、乳児の顔写真の中から選んでもらうのである。回答者になった学生のうち、男子学生は、自身の顔の特徴のいくつかが含まれている子どもをより多く選ぶ傾向を示した。一方、女子学生にはそのような傾向はまったく見られなかった。つまり、男性は自分と子どもとの類似の度合いが高いほど、好んで投資する傾向があるようなのである。子どもが自分の遺伝子を継承しているか確信のない男性にとって、自分に似ているかどうかは、大事な手がかりになっているらしいのである。

このことは例えば、養子縁組の際に、養子にする子どもの特徴(顔の特徴や体格など)と父親の特徴を合致させることは、両者の関係がうまくいく可能性を高めることにつながるという報告とも合致するだろう。またもしかすると、幼児虐待の危険性は、父親との類似の程度と逆相関の関係にあるかもしれない。ニュースで報道される子どもの虐待事例で、母親の連れ子(父親と遺伝的つながりのない子ども)に対する虐待が多いのも、これらと無関係ではないのかもしれない。

三　知能ある人間が生み出す功罪

人間が同時にヒトという動物でもあることは、これまで見てきたように間違いのない事実である。だから、私たちが他の動物たちと共通した行動や特性を数多く保持していても、何ら不思議はないのだろう。だが、人間は五百～六百万年という時をかけて、独自の進化を遂げてきていることも、また事実である。だから、他の動物にはない独特の特徴も数多くあるはずである。

人間の特徴の一つは、言語が大きく進化しているという点だろう。もちろん、他の動物たちの中にも情報伝達手段として、言語に近い方法を使うものはいくつも確認されている。鳥のさえずりを聞いても、私たちには「ああ、鳥が鳴いている」としか思えないが、そのさえずり方には地域によって微妙な違いがあり、あたかも人間の「なまり」に近い特徴を持つ場合があるのだという。ライオンのメスたち、あるいはイルカやクジラのような水生哺乳類たちは共同で狩りをするので、獲物を追う役割のものと、先回りして獲物の行く手を遮る役割をするものとがいる。しかし、それが可能であるためには、何らかの手段で役割分担を決めているのではないかと推測されるし、そのためには言語のような何かが必要なのは確かである。

このように、動物にも言語に似た情報伝達手段があるらしいが、進化した人間の言語は単に音声言語としてだけでなく、世界中の多くの地域で、文字言語としても発達し、情報を多くの人間が同時に共有できるだけでなく、未来に情報を残すことさえも可能にした。単なる記号に過ぎない文字を通して人間は、その記号の背後にある概念や思想を他の人と共有できるようになったわけである。文字記号を理解できるようになるためには、長い時間をかけた教育が必要であり、文字記号が音声言語のどれと対応していて、どういう概念を指しているものなのか、他のどういう概念と関連しているものなのかなどを学習していく必要がある。日本人はご丁寧に、文字記号をひらがな、カタカナ、漢字と三種類も使って伝達するので、それを学習するのは容易ではない。こうした長い期間を要する言語学習を通して私たちは、文字が読めるようになるのと同時に、思考という認知過程を磨いていく。動物に思考がまったくないとは思わないが、人間に比べるとその程度はやはり限られているだろう。

例えば、第六章で紹介する学習性無力感という現象がある。これは、イヌに逃れる手段のない嫌な体験をさせると、その後逃れる手段が与えられても、それを学習しようとしないという現象であり、人間風に解釈するなら「どうせ何をやっても無駄だ」ということを学習してしまったかのように見える。だが、人間の場合には、そんな状況でも、すべての人が必ず学習性無力感に陥るわけではない。その状況の解釈の仕方が人それぞれだからである。このような、その人なりの状況解釈のことを「説明スタイル」と呼ぶのだが、当然ながらその解釈は、客観的には必ずしも正しいとは限らない。ただ、その人の知識、経験、価値観、好みなどを反映していることは間違いない。

先に紹介したようにパスカルは、人間が知性を持っているので他の動物より「尊い」と指摘した。しかし知性を持っているから「尊い」はずの人間は、時に知性を持っているがゆえに、他の動物がしないような野蛮な行為を平然と行う。人間だけがする行為の一つが、戦争やそれに類する暴力行為である。もちろん、動物も仲間同士で争ったり、他種の動物を殺したりすることは少なくない。しかしそれは、食物を得るためとか、自分のテリトリーや家族を守るためなど、自分や仲間の生存を脅かされた時に、その脅威を取り除く場合に限られており、それを超えて殺戮行為を行うことはないだろう。

一方人間は、その歴史のほとんどを戦争に費やしている。私たちが歴史として学ぶ事柄の多くが、戦争に関わりのあるものであることは否定できない事実である。人間が戦争を繰り返しているのは、現代でも変わらない。第二次世界大戦後のわずか七十年あまりを取り出してみても、その数は既に百を超えている。ベトナム戦争、湾岸戦争、ボスニア戦争などは、私たちでもその名前を知っているが、それらは第二次世界大戦後の多くの戦争の中のごく一部である。私たち日本人は、幸いなことに第二次世界大戦後に一度も戦争を経験していないので、今や戦争を知らない世代が国民の大多数を占めている。だから、日本以外の場所で現在も行われている戦争については、ニュースでしか接することがなく、どうしても「対岸の火事」のようにしか感じられない。

だが、現代の日本人にとっては身近に感じられないものであっても、戦争が人間を動物から区別する特徴の一つであることは間違いない。もっとも、人間もサルから分かれた直後から戦争をしていたわけではないらしい。歴史学者たちの見解では、人間が戦争をするようになったのは、農耕が始まって農器具を武器として使えるようになってからであり、さらに農耕によって得た食料や財産を蓄積するようになってかららしい。

もちろん、それ以前にも個人のレベル（あるいは小集団対小集団）での争いはあったと思われるが、それはあくまで自分や家族に向けられた脅威を取り除くことを目的としたものだったと思われる。少なくとも組織だった軍隊を編成して、自分たちの利益を拡大するための戦いではなかった。さらに、人間は戦争の他にもテロ、大量虐殺（ジェノサイド）など、戦争と同じく、あるいは戦争以上に多くの数の犠牲者を生み出す残酷な行為を数多くやってきた。民族浄化などという名目で、特定の民族を抹殺しようとする、想像を絶するような残虐行為は、ナチスによるホロコーストだけが唯一の例ではない。歴史を遡って探せばいくつも、同様の例を知ることができる。そして、それだけでなく、私たちが生きている時代においても、カンボジア、ルワンダ、旧ユーゴスラビア、スーダンなど、世界中のあちらこちらで同様のジェノサイドが起こってきた。

なぜ人間だけがこのような残虐行為を飽くことなく続けてきているのかについては、政治学や歴史学が以前からさまざまな考察を行ってきているが、最近になって心理学的立場からの考察も行われるようになってきた。「平和心理学」と呼ばれるこの心理学からの考察が、政治学や歴史学と異なるのは、政治体制とか、経済状態などのマクロな視点から戦争に至る過程を考察する代わりに、一人ひとりの心というミクロな視点から、それを見ようとする点にある。先ほど述べたように人間は、「なぜそのようなことが起こったか」について自分なりの解釈を行い、その解釈に従ってこの世界を理解する（あるいは理解したようなつもりになる）。そうした解釈の一つとして指摘されているのは、「戦争は不可避である」という運命論的見解である。人間はもともと暴力的なものであり、戦争は人間にとって不可避であると考えてしまえば、それを回避しようという努力は、単なる理想論である。それよりは戦争の被害を最小限にするにはどうすべきかといった問題に集中する方が、現実的だということになる。確かに、ほとんど戦争に明け暮れていた人間の歴史を眺めてみる限り、この解釈は妥当なようにも思える。

平和心理学は、この戦争の不可避性はもちろん、戦争を始めてしまう動機や、一旦始まった暴力行為を継続させ悪化させてしまう要因にも、人の感情（不安、怒り、恐怖、憎悪など）や認知（自集団の優越意識、偏見、差別、被害者意識など）、信念（自集団の正義など）、あるいは倫理観（忠誠心、愛国心など）といった「人間的な」要素が強く働いているのだと指摘する。当然ながら、戦争にはそれぞれ固有の理由や背景があるが、戦争を引き起こすのも、それを継続させ増悪させるのも、そしてその犠牲となるのも人間（もちろん、多くの動物たちも犠牲になっているのだが）なのだから、人の心というミクロな要素が大きく働いていることもまた、明らかである。

平和心理学は、人間的要素としてもう一つのことを指摘している。それは、戦争やジェノサイドを引き起こすのが人間であるなら、それを抑止できるのも人間のはずだという視点である。杉原千畝という日本人をご存知の方は少なくないかもしれない。第二次世界大戦直前の時期にリトアニアに領事として一家で赴任していた杉原は、ナチスによる迫害から逃れてきた多くのユダヤ人たちに、日本経由でアメリカなどへと亡命できるよう、日本のビザを発給したことで知られている。当然ながら、これは当時の日本政府の意志に反する行為であり、ビザ発給を即刻中止するよう勧告を受けながらも、それを無視して独断で行われたものであった。今日でこそ杉原の行為は、英雄的に称賛されているものの、杉原は帰国後外務省を追われ、長く不遇の生涯をおくった。こうした行為を行った人物は杉原一人に限られているわけではなく、また第二次世界大戦の時だけに限られているわけでもない。つまり、敵対集団を憎み、それを殲滅することを厭わなかったり、むしろその行為を賞賛したりするのが人間であるなら、自分の不利を顧みずに、窮地にあって苦しみ、悩む人を救おうとするのもまた人間である。こうした行為を、人間以外の動物には（親が子を救うためという場合を除いて）恐らく見ることはできないだろう。

杉原のように自分の命や社会的地位を賭して、犠牲者を救おうとし、時の強力な権力に反対する行動を行おうとした救助者をテーマにした研究によれば、そうした人は他者に対して共感する傾向が強く、正義などの道徳的価値意識を強く持っていたという。さらに、それらの人々は、一般の人に比べて出生家族との絆が強く、両親を尊敬していることも見出された。別の研究では、救助者となった人には、両親の少なくともどちらかが、同様に他者に対する救助的な行為を行っていたことが見出されている。つまり、他者の苦しみを見過ごすことのできない共感性の高さに加え、自分の不利を顧みずに敢然と悪に立ち向かおうとする勇気と正義感は、家庭の中で親から子へと伝えられる場合が多いようだという指摘なのである。これは、人としての徳に恵まれた親の元で育った、ごく少数の例外的な人々だけに勇気ある行動が見出されたということだが、反対に言えば、人間にはこうした善なる要素を育てられる可能性があることを示唆するものでもある。もし教育によって、多くの子どもたちの中に、こうした善なる要素を育てることができれば、未来の世界では「戦争は不可避」ではなくなるのではないかと、平和心理学は主張している。

◉第二章

大人も成長する？

古いアルバムを開いて、生まれてから今日に至るまでの自分の日々を辿ってみれば誰しも、その間の変化の大きさに驚かされる。出生直後には、泣くこととオッパイを飲むことしかできなかった乳児も、一年もすればヨチヨチと歩み始め、やがて人間の言葉を発するようになる。生後六年目には、大きなランドセルを背に、一人で学校に通って、漢字や計算の仕方などを習うまでに成長する。体も大きくたくましくなり、ついには親を超えるほどの背丈や知識を身に付けた大人へと変貌していく。「成長」という言葉が実感できる時である。しかし成長は無限に続くわけではなく、体の成長は十五、六年程度で止まってしまうし、知力も幼い頃の目覚ましい成長はいつか、終わりを迎える。その後に待っているのは、体力の衰え、記憶力の低下、容貌の劣化ばかりに思える。こうしてみる限り、成長は青年の時代までのものであり、その後まで続くものではないように見える。

だが一方、十八歳になって選挙権を得たとしても、若者にはまだ、政治というものが如何に行われるべきかについて、十分な識見は期待できないだろう。飲酒が解禁になったからといって、酩酊状態の楽しさ以外の、酒の旨さや銘柄による味わいの違いを識別する力はすぐには期待できないだろう。つまり、外見上の成長は生後の十五、六年前後で達成されたとしても、それ以外の成長は、その後も長く続いていくのではないだろうか。

一　成長と発達の違い

ところで、私たちは日常、「成長」と「発達」という言葉を大して意識することもなく両方、使っている。心理学には発達心理学はあるが、成長心理学はない。つまり、少なくとも心理学の関心の対象になっているのは、成長よりは発達であるらしい。ではこの二つの言葉はどう違うのだろうか。エリザベス・ハーロックという心理学者は、成長と発達を区別して、成長は時間経過の中での、量的な変化をさす概念であり、一方発達は主として質的な変化をさす概念であると述べている。先ほど述べた、体が大きく、強くなるというのは、身長や体重のような量として表すことのできる変化である。一方、酒の旨さがわかるとか、政治とはいかなるものかがわかるようになるといった変化は、量で表現できるものではなく、ものの見方、考え方の質が変化したものであると言える。

第一章で、人間の乳児は未熟な状態で生まれてくるという話をした。未熟児であるからこそ、生まれ落ちた環境に合わせて、さまざまに変容していくことができるのだと。環境がその人を、ある特定の人物へと作っていくことを示す一つの例として、乳児の語音識別能力について調べた次のような研究がある。語音識別というのは、乳児に「あ」とか「お」といった言葉のもとになっている音を聞かせ、両音が違う語音だとわかるということである。これは、乳児の好奇心の強さを利用した「馴化《じゅんか》」と呼ばれる現象を用いたものである。つまり、乳児は初めて聞く音に対しては「おや！」というような反応をするが、何度か同じ音を聞くと慣れて反応しなくなってしまう。だから、「あ」の音を何度か聞かせた後「お」の音を聞かせ、再び反応するようになれば、違う音だと識別していることがわかるということである。このような方法で、生後一か月の日本人の乳児に「L」と「R」の音の語音識別をしてもらうと、ちゃん

てみると両音の違いを判別できる。ところが、生後四か月になった乳児に同じことをしてみると、LとRの識別はできなくなっていた。毎日のように新しいことを覚えて成長著しい乳児なのに、できなくなっていくことがあるというのは少々驚きである。なぜそんなことが起こるのかといえば、日本語にとってLとRの区別は必要がないからだと考えられる。生まれて四か月間、毎日のように日本語を聞いていた子どもは、たとえ話すことはできなくても、日本語の言葉を聞き分けられるようになり、その結果LとRの識別はできなくなった（しなくなった）ということである。つまり、発達というのは、ある特定の形（日本語を母国語として使う）を手に入れるために、それ以外の可能性を捨てる（日本語に必要のない能力は捨てる）ことなのだといえる。これは言葉に関するほんの一例に過ぎないが、さまざまな場面で同じような取捨選択が繰り返され、人間の乳児は発達という名の質的変化を続けていくのだと考えられる。

だから「大人も成長する?」という本章のタイトルは、体の成長という意味でなら、明らかに「ノー」だし、大人になった後も質的には変化を続けていくという意味でなら「イエス」だろう。大人も子どもも生きている期間を通じてずっと変わり続けるし、その変化を生み出すのは、生まれつき持っていた特性に加えて、どんな環境で過ごしたか、どんな人と出会い、どんなものに感動したのか、といったことの総体なのだと考えられる。私たちはつい、若い頃は柔軟で、どのようにでも変わる可能性があるが、中年を過ぎた頃からは頑固になり、変わらなくなってしまうのだと考えがちである。しかし、認知症のような病気を発症してしまった場合は別として、成人期にも、可塑性は十分残されていると言ってよいだろう。そのような目で見ると、個人差というのは年々大きくなっていくものだと言える。すべての人は皆、違う体験をしているし、たとえ同じ体験をしていたとしても、それをどう解釈するかはそれぞれ違っているのだから。

生まれてからの年数の少ない幼児たちなら、世界中のどこに暮らしていても、だいたい同じような大きさで、同じような運動能力、言語能力を持っているので、たとえば五歳児と聞くだけで、その子についてある程度イメージできる。一方高齢者は、外見からは皆、同じように見えるが直接その人と話をしてみると、例えば八十五歳という年齢だけでは、その人についてわかることはさほど多くないことを思い知らされる。それぞれの高齢者には、その人ならではの過去と歴史があり、一人として同じ人生を歩んできていないからである。どのように八十五年間を過ごしてきたかの結果が今のその人なのであり、それぞれが現在の自分へと発達してきたのだと考えられる。

二　ヒトの発達と遺伝と環境の関係性

人の発達に、遺伝と環境どちらの影響の方が大きいのかについては、古くから多くの議論がなされてきた。一八五九年にチャールズ・ダーウィンが『種の起源』を書いて、進化論を発表すると、遺伝的要素を重要視する見方が有力となったが、二十世紀前半になって、行動主義心理学が世を席巻するようになると、人間は生まれた時は白紙（タブラ・ラサ）であり、生後にどのような経験をするかですべてが決まるという主張の方が主力となっていった。行動主義心理学者の、ジョン・ワトソンは、「私に健康な一ダースの赤ん坊と、彼らを育てるのに最適な場所とを提供してくれれば、彼らの才能とか、生まれつきの傾向などに関係なく、任意の一人をどんな人間にでもしてみせよう。一人を医者に、また別の一人を芸術家に、さらにまた泥棒や乞食にだってしてみせる」と豪語したものである。

しかし今日では、遺伝と環境という両方の要素が発達に重要な役割を共に果たしているというだけでなく、両要素はお互いに影響し合って、発達を方向づけていくのだろうという主張が少なくとも心理学では主流である。人の発達における遺伝と環境の影響を調べる研究の一つに、双生児研究がある。いわゆる「ふたご」と呼ばれる兄弟・姉妹は、一卵性双生児と二卵性双生児とに区別されている。一卵性双生児は、最初は一つだった受精卵が、途中で二つに分かれたものなので、二人の遺伝子はほぼ一致しており、基本的に同じ性別、同じ血液型で、外見もかなりよく似ている。つまり、一卵性双生児を遺伝的にはまったく同じと見なすなら、彼らに生じる違いは環境によるものと考えられる。このように推測するなら、多くの一卵性双生児を調べることで、二人の一致点、相違点から遺伝と環境の影響度を明らかにできるのである。今日までの研究では、身長、体重や指紋などの身体的形質には遺伝の影響が比較的大きい（遺伝の影響度は六十六％〜九十二％）が、心理的形質では影響の比較的大きいもの（知能や、外向的か内向的かなどの特性では遺伝の影響度は五〇％前後）と、小さいもの（創造性などは影響度二十二％程度）とが入り混じっているようだと言われている。この事実だけから見ても、遺伝あるいは環境が単独で影響することはないと言える。

また、生まれつき何らかの才能（例えば音楽の才能）を遺伝的素質として持った子どもは、その才能に関連した事柄に強い関心を持ちやすく、その結果、才能を伸ばす環境を得やすいという事実がある。これは、遺伝と環境の両方が働き合うことで、その子の進む方向が示されていく例だと言える。

三　ピアジェによる発達の四段階

ジャン・ピアジェというスイスの発達心理学者がいた。彼は現在の発達心理学の基礎を作った人物と言ってよい。同時に、三十九年間UNESCO国際教育局（IBE）長を務めて、教育の重要性を世界中に訴え続けたことでも知られている。彼の研究の基盤は、自身の三人の子どもをはじめ、多くの子どもを丹念に観察し続けたところにある。そして、その観察から非常にユニークな仮説を導き出した。その観察は彼がまだ若かった頃、パリにある知能テスト開発の研究所に就職した当時から始まっていた。知能テストというと、どうしたらテストの点数を上げられるかにばかり注目しがちである。しかしピアジェは、テストでの年少児の間違え方に興味を持った。年少児は、年長児用の問題にどう答えているのか、なぜそのような答えが出てきたのかを探ったのである。その中で彼は、年長児用の問題が解けないのは、年少児の能力が劣っているからではなく、年齢によってものの見方が質的に異なっているからではないかと考えたのである。ピアジェは、この質的に異なっているという仮説を後に膨大な観察と実験から実証し、子どもから大人へと思考が発達していく様を、大きく四種類の質的に異なる思考法に分けてみせた。そして全ての人間がこの四つの段階を必ず同じ順序で辿っていくことで、大人と同じ質の思考へと発達していくのだと主張し、それぞれの時期を①感覚運動期、②前操作期、③具体的操作期、④形式的操作期と名づけた。

実は今日では彼の主張は、さまざまな批判を浴びている。批判点の一つとして、彼が人の認知発達を考えるのに、発達段階が教育によって変わることはないと主張したという点がある。つまり、認知発達の過程はどこの国の、どの子どもにも同じように表れるものだと考え、発達段階が教育によって変わることはないと主張したのである。UNESCOでの活動を見ても彼が教育の重要性を十分に認識していたことはわかるが、それでも認知発達の基本は教育によって影響されないと考えていた。そうした発想の根底には恐らく、彼が生物学に強い関心を持ち、博士号まで取得しているという点にあるのだと思われる。動物は卵で生まれようと幼体で生まれようと、同じ種の動物なら皆、最終的な成体になるまで同じ経過を辿る。人間もまた、教育環境の差があっても同じ経過を辿って、大人の思考法へと発達していくのだとピアジェは主張したのである。これに対して、ロシアの心理学者レフ・ヴィゴツキーは、発達は教育によって大きく変わると主張し、彼らは激しい論争を繰り広げた。

とはいえ、ピアジェの考え方が完全に否定されてしまったというわけではない。ここで先ほど挙げた四つの認知の発達段階について、簡単に見ていこう。

①感覚運動期

私たちは、例えば花を見れば「朝顔が咲いている。もう夏だ」と思い、ワンワンという鳴き声が聞こえれば「イヌが吠えている。何かあったのだろうか？」と疑問を持つ。なぜそれが可能かというと、私たちがそれらについての知識を持っているからである。ピアジェはこうした、人が持つ知識あるいは概念を「シェマ」と名づけた。シェマは大人だけが持っているわけではなく、生まれて間もない乳児も持っている。例えば乳児は「母親に抱かれてミルクを飲ませてもらうと、お腹がいっぱいになって、良い気分になる」というシェマを持っているかもしれない。四、五歳以上の子どもや大人なら、当然これを言葉として表す。しかし、まだ言葉を十分に駆使できない年齢の子どもは、どうやってこれを表現しているのだろうか？　ただ、一歳前後のいわゆる乳児と、自分の足で歩き回り、つたないながらも多少おしゃべりもできる幼児とでは、違いがあるともピアジェは言う。寝ているだけの状態を脱した乳児たちの特徴の一つは、手に持ったものを何でも口に入れようとすることだろう。屑籠の中身を平気で口に入れようとする乳児に、養育者は思わず悲鳴をあげてしまう。ハイハイという移動手段を獲得すると、部屋中を動き回り、引き出しを開けて中のものを放り出す、ティッシュを箱から全部引っ張り出す、リモコンのボタンを連打する。大人にとっては、目の離せない「困ったいたずら」にしか見えないが、ピアジェは乳児のこうした行為は、無意味に行われているわけではなく、彼らが独特の仕方で周囲の世界を探索しているからなのだという。こうすることで、新たなシェマを数多く獲得しようとしているのである。ただし、まだ言葉を持っていないので、彼らのシェマは視覚や聴覚、あるいは味覚、触覚といった感覚と、自分の体の動きとで表現されている。例えばティッシュは彼らにとっては「鼻をかんだり、ちょっと拭くのに便利な紙」ではなく、「白くてフワッとしていて、いくらでも引っ張り出すことのできる面白いもの」である。ピアジェは、この時期をそのまま「感覚運動期」と名づけた。まだオムツを付けてハイハイしたり、よちよち歩きをする子どもは同時に、自分の感覚と体の動きをもとにこの世界を把握しようとする、いわば大人とは質の違う思考法を持った存在でもある。

②前操作期

三、四歳の時期の子どももまた、それ以前の子どもとは違うが、やはりユニークな思考法を持っている。例えば、このくらいの年代の子にキャンディを五個見せて数えてもらうと、「五個」と答えることができる。ところが、そのキャンディを横一列に並べて、間を狭めて置いた時と、間を空けて置いた時とで、キャンディはどっちが多いかと尋ねてみると、間を空けて置いた時の方が多いと答える。同様のことは、ボール状の粘土を目の前で細長い形に変形し、どっちの粘土の方が多いと思うかと尋ねた時にも起きる(ちなみに、長く伸びた粘土の方が多いと答える場合が多い)。この現象をピアジェは、「保存の欠如」と名づけた。「保存」とはものの数や量は、見た目の形が変わっても、変わらないということが理解できることをさす。

テーブルに大小いくつかの山の形のおもちゃを置き、一方の側の椅子に子どもを座らせておく。テーブルをはさんで反対側で子どもと対面する椅子には、クマの人形を座らせておく。子どもに、クマの人形が見ている景色を絵に描くように頼むと、子どもは自分が見ている景色をそのまま絵にしてしまう。つまり、その子には自分の反対側の位置から見るとどう見えるかがわかっていないのである。ピアジェはこの現象を「自己中心性」と名づけている。ここでいう自己中心性とは、いわゆる「ジコチュウ」とは別物で、単に、他者の視点からものを見ることができないという意味である。こうした現象が起きるのは、この時期の子どもたちが、感覚と運動でシェマを作る時期は卒業したものの、まだ大人と同じではなく、「今、自分の目に見えているもの」をもとに周囲の出来事を理解しているからだと考えられる。

ピアジェは他にも、自分の子どもたちとの、次のような体験も語っている。夜、散歩のために外に出たら、まんまるの月が見えた。当然のことながら、左に曲がっても、右に曲がっても、月はずっと同じく自分の頭上にある。これを見て子どもは「お月様も僕と一緒にお散歩しているんだね」と言ったのである。これも「今、自分の目に見えているもの」だけをもとに月について推理した結果である。ピアジェはこれを、転導的推理と名づけた。そしてこの時期――保存の欠如、自己中心性、転導的推理が起こる思考段階――を「前操作期」と名づけた。この名の由来は、この時期の子どもの思考に「操作」という要素がまだ備わっていないことにある。操作とは機械やおもちゃを動かすという意味ではなく、頭の中だけで事物を動かすことをさす。先ほどのキャンディや粘土も、頭の中でキャンディの位置や、粘土の形をもとに戻してみれば、二つが同じだとわかる。そして、頭の中で変形して同じものとわかる力を「保存」とピアジェは名づけたのである。だから、この時期の子どもは「保存」の能力を持たずに、また自分の目に見えていることだけをもとに周囲の世界を眺めるので、大人とは違う独特の世界観を作っているのだとピアジェは言うのである。

③具体的操作期

その後も子どもは成長・発達を続けて、学校に入学する時期を迎える。小学校の三、四年生頃に子どもはまた、次の段階へと進む。「操作」が行えるようになり、その結果「保存」の能力が彼らの思考の中に生まれる。粘土の形を変えても、キャンディの位置を変えても騙されなくなる。まだ操作を身に付けて間もない時期を、ピアジェは「具体的操作期」と名づけた。この時期の子どもは操作が行えるようになったとはいえ、それは具体物に限られている。粘土を頭の中で丸めたり、細長くしたりすることはできても、例えば「大きな木片は水に浮くが、同じ重さの小さなカギは水に沈むのはなぜか」などと聞かれると答えることができない。また、実物を見ながら、あるいは指を使えば、リンゴ二個とミカン三個を足し合わせることはできるが、マイナスの概念を理解するようなことはまだできない。

④形式的操作期

マイナスとか、マイナス掛けるマイナスはプラスといったようなことが理解できるようになるには、「形式的操作期」を迎える中学生ぐらいの時期まで待たなければならない。ピアジェによれば、形式的操作ができるようになって初めて、子どもは大人と同じ思考を行えるようになり、抽象的な事柄に対して論理的な操作を加えられるようになるということである。

さらに先ほどの「マイナス掛けるマイナス」の計算や、虚数や複素数などという、実在しない数について理解できるようになるには、高校生ぐらいの時期を待たなければならない場合もある。また二十歳を過ぎた大人が全員、虚数についてきちんと理解しているわけではないのも事実であり、成人になれば形式的操作が可能になるというピアジェの主張は、彼の存命中から、かなり多くの批判を浴びてきた。これに対してピアジェは、成人の生活領域は多様であり、その人の得意な領域では形式的操作ができるようになるが、必ずしもすべての領域で可能になるわけではないと反論した。例えば、理論物理学者は物理学の世界では完全な形式的操作や論理的思考が可能だが、家で料理の手伝いを頼まれた場合はどうだろう。どの料理をどの皿に、どのように盛りつければよいかは、実際に皿に料理を盛ってみて確かめることしかできず、うまくいかずに結局、台所は惨憺たる有様になったりする。つまり、具体的操作しかできていないのである。一方、プロの料理人には理論物理学は理解できないかもしれないが、料理に関しては、どんな素材をどう組み合わせれば目的の料理が誕生するか、作る前からある程度予測できるだろう。

ピアジェが考える、人間の思考の最高段階は、三段論法や演繹的推理を駆使した論理的思考であった。だが、例えばギゼラ・ラブーヴィ・ヴィフらに代表される研究者たちは、それに異を唱えた。彼らは、成人の思考が論理的であるとは限らず、また論理的でないからといって、それが論理的思考に劣るものでもないと主張した。そして、そうした思考法を「ポスト形式的操作」と名づけている。例えばシャーロック・ホームズやエルキュール・ポアロのような小説の中の探偵は、論理的帰結として必ず一人(あるいは一組)の犯人を特定する。また裁判やディベートでは、必ず自分の立場を明確にして、その立場から論理的な主張を繰り出さなければならない。だが、成人の世界では、しばしば答えが一つに決まらず、状況によって解答が異なったり、そもそも答えが複数あったりすることは珍しくない。また裁判やディベートと違い、交渉事の場合は、論理だけで相手を追い詰め、ねじ伏せてしまうと成立しなくなってしまう。相手の感情や面子を重んじて、両者の落としどころを探ることで交渉は成立する。こうした思考法は、論理に感情や主感がプラスされたものと言える。

四　エリクソンが考える人間に必要な八つの力

ピアジェと並んで、発達心理学の教科書に必ず登場するのが、エリック・エリクソンである。ピアジェと同じく、エリクソンも出身はヨーロッパ(デンマーク)だが、ピアジェと違って彼の活躍の地はアメリカだった。ピアジェは、思考の質が子どもから大人へと変わっていく様について述べたのだが、エリクソンは人格の中に、人としての強さが付け加わっていく様子について語った。ここで言う人としての強さとは、腕力や金銭、あるいは権力の事ではなく、心の中に育てられる可能性を秘めた強さのことであり、人がより良く、より適応的に人生を生き抜くために必要な力のことである。エリクソンはそうした力を八種類挙げている。それらは基本的信頼、自律性、自主性、勤勉性、自我同一性、親密性、生殖性、統合とそれぞれ名づけられている。

エリクソンは、それぞれの力を自ら育てるのに最も適した人生の時期があるとも述べている。しかし、これらの力は必ず獲得できるわけではなく、周囲の状況や、その人自身のあり方によって、獲得に失敗する場合も少なくない。さらにそうした力の獲得時期を限定しているものの、その時期を過ぎたら二度と獲得できないというわけではない。エリクソンが示したのは、その力を獲得するのに最も適した時期ということである。その一方で、こうした力をうまく獲得できないと、その人の人格に一定の歪みが生まれたり、心の病の原因になったりする。

例えば、最初に獲得する力である「基本的信頼」は、生まれて間もない乳児が、この世界で生きていこうとする力を支えるものである。乳児はまだ何も理解できず、動物的本能だけで生きているのだと考えてしまいそうだが、必ずしもそうとは言えない。乳児は母親の胎内にいた時から、母親の声を覚えており、生後に母親の声を聞くと、もっと聞こうとする。抱かれた時の柔らかく暖かな感触に大きな安心感を覚え、母親とのさまざまなやりとりを繰り返す中で、母親に対して「愛着」と呼ばれる特別に親密な感情を抱くようになる。たとえ栄養状態や衛生状態には十分な配慮がなされていたとしても、特別な人との特別に親密な愛着関係が形成されていないと、乳児は健全に育っていくことができない。もちろん、この場合の愛着の対象は、母親に限定されているわけではなく、常に自分を見守り、自分の世話をしてくれる特別な人物がいるということが重要なのである。つまり、基本的信頼というのは、自分を守り育ててくれている人に対するゆるぎない信頼ができた時に、これから先、生きていけるという「希望」が生まれるということである。こうした基本的信頼を獲得するのに最も適した時期が、乳児期だということである。この時期、養育者との間にこうした親密な愛着関係が十分築けなかった子どもは「基本的不信」という感覚を持つようになり、その度合いが特に酷い場合、生きていくことさえ難しくなる。

二つ目の力である「自律性」とは、行動を自らの意志でコントロールできることである。ちょうどオムツを卒業する時期の子どもは、トイレに座った時にしかおしっこをしてはいけないことを学ぶわけだが、当人にとってこれはなかなかハードルが高いかもしれない。他にも、周囲にあるものには何にでも手を触れようとしてきたが、熱いアイロンやストーブに触ると危ないということも学ぶ。これは、自分の行動をコントロールする例の一つである。しかし、大人からの介入があまりに強すぎて、すべてを大人の命令通りにしなければならない環境に置かれると、他者からの指示なしに行動することに疑問を感じたり、恥ずかしいことと感じるようになってしまう可能性もある。

三つ目は「自主性」である。三、四歳の子どもはいろいろなことを思いついては、実行して大人を慌てさせる。「おばあちゃんにお花をあげよう」と思いついて公園の花壇の花を摘んでしまったり、「水の中では寒そうだ」と池から大きなコイを「救い出そう」としたりする。もちろん、この場合は大人から大目玉を食うことになるのだが、誰かに命じられたからでなく、自分から自発的に「目的」を作って、それを実現するために行動することは、子どもだけでなく人にとって重要なことである。もし、毎日のように大人から「ダメ、ダメ」と言われ続けたら、子どもはどうなるだろうか？自分から「目的」を探すことを止めてしまうだろうし、自発的に何かをすることに罪悪感を抱き、大人に言われたことだけをするようになってしまうだろう。

小学校の三、四年生ぐらいの子どもは、学校の勉強だけでなく、スポーツなどの習い事、学校での係活動にいろいろ忙しい。そうした活動に一生懸命取り組むことで、良い成績をあげたり、先生や大人たちから褒められたりする。そして、こうした経験を通して「一生懸命頑張ると、自分にはできる」という自信を身に付けていく。この時期に育てられるのは勤勉性という力であり、自分が周りにあるさまざまな活動に参加することができる存在であり、そしてそのために努力を惜しまない、という自覚を得ることができる。しかし一方で、この時に失敗を繰り返してしまうと、自分は何をやってもダメな人間なのだという劣等感に支配されてしまうことになる。自分で自分に「不適格」という烙印を押してしまうと、何に対しても積極的に取り組む意欲がなくなり、努力もしなくなってしまうだろう。そうした子どもたちは、その後も何かをする前に「どうせダメだろう」という暗い見通しのために、努力をしようとすることがなく、何に対しても投げやりになってしまう可能性がある。

エリクソンの発達理論で最も有名なのは、「自我同一性」(あるいはアイデンティティ)という言葉かもしれない。中学生から高校生ぐらいの時期に彼らは、自分に強い関心を向けるようになり、頻繁に鏡をのぞき込んで髪型をチェックしたり、服装に関心を持つようになったりする。ちょうど、恋愛に興味を持ち始める時期なので、おしゃれに関心を持つようになったのだと大人たちは理解する。しかし、それだけでなく、とかく自分が人からどう見られているか、自分とはどういう人間なのかが、気になって仕方がない時期なのである。自我同一性というのは、そうした自分に対する強い関心から生まれた「自分とはどういうものであるか」についての自分なりの知識である。それと同時に、大人になって自分は何をしたいのか、どういう大人になりたいのかという要素も含まれている。自分がこれからの人生で、何を大切だと思い、自分の人生を賭けて「忠誠」を尽くす対象を見つけ出すこともまた、自我同一性を確立するための重要な要素である。その場合の対象は、必ずしも仕事だけではなく、価値観や、何かの信念に基づく活動の場合もある。

ただし、この自我同一性は、中学生か高校生の頃に確立されたらそれきり揺るがないものかといえば、決してそんなことはない。「中学生の自分」と「会社の新入社員である自分」、「社会の中堅になった自分」と「孫が七人いる自分」は全部同じ自分ではあっても、あまりにも異なっているので、その都度、自我同一性の見直しが必要になることは容易に想像される。同時に「忠誠」を尽くす対象も、その時々で違ってくるかもしれないし、生涯を通じて一貫している人もいるかもしれない。

若い大人になると人は、社会の一員として船出していく。体力的に充実していて、さまざまなことができるようになる。まだ純粋で生真面目な部分を多く持っているこの時期の若い大人にとって、家族以外の特定の他者と親密な関係を築き、「愛」を育む機会を得ることがある。恋愛は成人だけのものではなく、中学生や高校生だって恋愛をするという反論もあるかもしれない。しかし、まだ自我同一性が確立されていない時期の恋愛は、その多くが「勘違い」である。彼らは、恋愛の相手を愛していると思っているが、実際には相手の中に自分の鏡映像を見て、それに恋をしていることが多い。さらにまだ自分の自我同一性さえ十分に育てられていないので、まして相手の自我同一性を尊重することなどできない。だから、相手を自分の中に取り込んで、自分の思い通りにしようとしたりする。これに対し、自我同一性が確立された成人の恋愛は、自分自身の自我同一性も、相手の自我同一性も同じ程度に尊重することができ、お互いの人格を愛し合い、相手との間に深い親密性を感じ合うことができる。この「愛」の対象は、必ずしも恋愛対象だけに限られない。仕事やそれ以外の活動を共に行う仲間や、ライバル関係にある相手であっても、深く共感し合えたり、共にいることに深い満足感を感じ合えるなら、恋愛とは少し異なるが、同じく「愛」が育つことになる。

一方、他者との緊密な関係を好ましくないと感じる人もいる。自分一人だけの世界で完結し、他者がそこに立ち入ることを嫌がり、他者との特別な関係ができそうになると、それを破壊したり、そこから逃れたりする。孤立という状態である。それは一見すると自由気ままで、本人にとっては非常に居心地の良い状態であるかもしれない。現代は、一人で生活することに不自由のない時代であり、実際日本では、一人暮らし世帯が増えてきている。その多くは配偶者と死別した高齢者で、やむを得ず一人暮らしを始めた人々であるが、五十代以下の人々にも確実に増加してきている。もちろん、単身世帯であるということと、親密な他者を持たないということとは同じではないが、中には他者を自分の心の中に入れることができないために、単身で暮らすことを選ぶ人もいるかもしれない。そういう人は、次の段階である「生殖性」という力を育てることが困難になる。

中年期の人は、家では子ども、会社では後輩や部下、学校の先生なら生徒たち、人の援助を仕事とする人たちならクライアント、そして芸術家ならその作品などに対して、それを生み、育て、守るといった役割を果たすようになる。これをエリクソンは、

「生殖性」と名づけた。これは、単に対象の身の周りの世話をするということにとどまらない。例えば自分がこの世からいなくなった後にもこの世界に存在し続ける年下の人たちの世話をすることは、未来に対して関心を向けることでもある。その人たちが健全な世界で生きていくために、今できることは何かと考えるようになる。さらに、生殖性の感覚を育てた人は、他者から頼られ、必要とされることを重荷と感じず、それを喜び、もっと必要とされたいと願う。だが、すべての人が同じようにこの生殖性の感覚を育てられるわけではなく、他人の世話など、どんな小さなことでも嫌だと思う中年もまた少なくない。エリクソンはそういう状態を「停滞」と名づけた。自分自身にのみ注意が集中していて、自分を甘やかすことには熱心だが、人のために何かをしたり、無償で金品を人に与えたりすることには消極的である。もし、こういう人が社会に増えていったら、私たちの社会はどうなるのだろうか？　現代という時代は、自分以外の他者を排除して生きていくことも不可能ではない社会であるが、それは本人にとっても、社会全体にとっても、大きな不幸なのではないだろうか。

　人生の終末について考え始める頃、「統合」という感覚を育てる時期がやってくる。若い頃は、自分の死など想像すらできない、恐ろしい出来事だった。だが人間は誰しもが自分の人生が永遠ではないことを知っている。自分の人生の終わりを意識した時に、後悔にさいなまれて、人生をやり直したいと思っても、既に人生にはそれだけの時間が残されていないし、そもそもやり直しなどできるわけがない。自分の人生を後悔しつつ終えようとすると、絶望に見舞われるとエリクソンは言う。人はその時、自分の死を受け入れることができず、迫りくる死を恐れるようになる。

それに対し、自分の人生を肯定できることを「統合」と呼ぶ。長く生きれば誰にでも、さまざまな後悔や、やり残したことができる。だが、そうした後悔も含めて自分の人生を丸ごと肯定することを、エリクソンは統合と呼んだ。すべてのことは、なるべくしてなったのであって、取り換えたり、消し去ったりする必要のあるものなど何もないと思えることである。華々しい成功をおさめた人ならいざ知らず、特にこれといって人に自慢できることもない、普通の人生をすべて肯定することはそう簡単ではない。それでもエリクソンは、自分の人生はこれで良かったのだと思えることが、人生を終えるにあたって必要なのだと言う。そして、そのように思える時、人は「英知」を獲得するのだと。

◉第三章

太陽の下の石炭は夜の雪より白い？

「太陽の下で見る石炭と、夜、月明かりの下で見る雪とでは、どっちが白く見えると思う？」と聞かれたら、どう答えるだろう？　雪の方だと答える人が多いかもしれないが、中には「どっちかわからない」と答える慎重派もいるかもしれない。白と黒にはいわゆる「色味」がなく、薄い灰色から濃い灰色までを一次元上に並べた時の両端が白と黒である。太陽の下の石炭も、月明かりの下の雪もその両端ではなく、多少とも灰色がかっている。冒頭の問いの本質は、どちらが黒味の多い灰色かということであり、実際に調べてみると、より黒に近いのは夜の雪の方である。ところが実際に目で見た場合、圧倒的多数の人が夜の雪の方を「白い」と答える。これは目の問題というよりは、私たちの脳が「雪は白い、石炭は黒い」という既有知識に騙されて、雪の方をより白く見てしまうからである。

中には、「実際に私がこの目で見たことなのに?」と反論する人がいるかもしれない。私たちはつい、自分の目で見たことは絶対確かだと思いがちである。「飼い主がイヌに嚙みついた」とか「カラスが自販機でジュースを買った」など到底信じられないような出来事でも、目の前で繰り広げられれば、疑いようのない事実として受け入れる。しかし、私たちが絶対的信頼を置くその目は、当然ながら脳とつながっている。正確に言えば、脳に到達しなければ、目で見た情報が何であるのか理解することさえできない。ところが、その脳は外界で起こった出来事を直接見ているのかといえば、実はそうではない。私たちは目とか耳といった感覚器官を通して、外の刺激を受け入れているが、その刺激はそのまま脳に伝わるわけではない。

例えば目の場合、外界の物体に光が反射し、その光が目に入るところから「見る」という現象は始まる。目に入った光はまず、目の奥にある網膜というスクリーンに投影される。脳が得る情報はすべて、この網膜に投影された像からのものである。ところが、この網膜に映った像は、我々が「見ている」と思っている、外界の実像とはかなりかけ離れたものである。その上さらに、網膜にはところどころ穴が空いていたり、毛細血管が走っていたりするため、ものを写すスクリーンとしては相当にお粗末である。しかも網膜に映っているのはものの上下が逆さまになった倒立像である。その上さらに、ものからの距離や角度によって、映し出された像は、その大きさや形が大きく変わってしまう。理科の授業などで、暗箱を使い、外の景色を箱の壁面に映して観察したことのある人なら、その時の像を思い出すと想像がつくだろう。ところが、私たちが「実際に見ている」と思っている世界は、決して倒立などしていないし、三次元の立体的な世界である。もちろん、血管が走っていたり、穴が空いていたりもしない、安定したクリアな世界である。つまり、私たちが見ていると思っている像と、脳が網膜で見ている像との間には、かなりの隔たりがあるのだ。

ここまで述べてきたように、私たちが外的出来事について得ている情報というのはすべて、感覚器官および神経系を通して得たものである。しかし、私たちはその情報に記憶、感情、期待などを混合して最終的に知覚している。つまり、外界から物理的刺激として入ってきた情報が、感覚器官を経由して私たちの内部に取り入れられてから、私たちが最終的に「イチゴが赤く熟しておいしそう」などと思うまでには、意識されることはないものの、水面下での密かな、しかし絶え間のない処理過程が働いている。

目や耳といった感覚器官は、それぞれ固有の外的刺激が受け取れるように作られている。例えば、目が受け取ることのできる刺激は光（光波）であり、耳には音波を受容できる仕組みが備わっている。一方、鼻や舌が受け取るのは、化学物質である。つまり、それぞれの感覚器官は、その器官特有の刺激だけを感知できる仕組みになっている。先ほど述べたように、光や化学物質のような物理的刺激は、感覚器官に到達すると、その刺激を表す神経信号に変換される。この過程は「感覚」と呼ばれる。そして、神経信号に変換された情報を脳が、「それが何であるのか」「どういう意味のある情報なのか」解釈するが、こちらの過程は「知覚」と呼ばれる。それでは、今述べた感覚と知覚について、もう少し詳しく見ていくことにしよう。

一　感覚

私たちの体にはいくつもの感覚器官が備わっている。「五感」という言葉があるように、私たちはそうした感覚が五種類――視覚、聴覚、嗅覚、味覚そして触覚――しかないと思いがちである。しかし、私たちの感覚がそれら五つのみに限られているのかというと、そうでもない。それ以外にも、内臓感覚、平衡感覚、運動感覚などと呼ばれる感覚がある。

内臓感覚というのは、例えば「お腹がすいた」「胸がドキドキする」などといった、私たちには割合おなじみの感覚のことである。平衡感覚が実感できるのは、例えばジェットコースターに乗った時である。私たちは、たとえ目を閉じていても、自分が上下逆さまになっていることがわかる。これが可能なのは平衡感覚という感覚があるからである。さらに、自分が腕を上げているのか、前に突き出しているのか、目で確かめなくてもわかる。これは運動感覚という、筋肉から脳に伝わる感覚があるからである。というわけで、脳は体のさまざまな部分から多くの種類の情報を得て、自分の周囲の状態を確認しているのである。しかし、外界の刺激は光波とか音波のような物理的なものなのに対し、私たちの感覚は生理的あるいは心理的なものなので、感覚というのは、物理的な刺激が生理的あるいは心理的反応を引き起こして生じるものだと言える。物理的刺激と心理的反応との関係というのは、物理的なもの同士の関係とはかなり違っている。その点から、人間の感覚についてまず考えていくことにしよう。

①絶対閾《ぜったいいき》

私たちの感覚器官に到達する物理的刺激の強さ（物理量）は、さまざまである。例えば、耳に達する刺激は、音として私たちに感じられるわけだが、どんなに大きな音も小さな音も聞こえるのかといえば、決してそんなことはない。あまりにも小さいと、音が鳴っていること自体を検知できない。感覚器官が検出できる刺激の強さの最低値を「絶対閾」と呼ぶ。耳の検査をしたことのある人は経験があると思うが、絶対閾近辺の刺激の大きさというのは、聞こえるか聞こえないかという程度のかすかな音を何度も聞かせて、五十回中二十五回程度音が聞こえたと答えられるような、本当にかすかな刺激の強さのことである。

日頃、それぞれの感覚器官の絶対閾に当たる刺激の大きさがどれほどかなど、意識することはないが、どの感覚器官にも絶対閾がある。それがどの程度の大きさの刺激かというと、視覚の場合、雲のない真っ暗闇の山中で四八〇キロメートルほど先にあるろうそくの光を見た時の光の明るさ。聴覚の場合、静かな部屋で、六メートルほど離れた場所に置いた時計のカチカチという音。味覚の場合、約八リットルの水に溶いたスプーン一杯の砂糖の甘さ。さらに触覚だと、横になっている人の頬の上一センチメートルの高さから蜂の羽を落とした時の感触だという。これらの結果は、アメリカの大学で調べられた結果なのだが、恐らく日本人でも、ほぼ同じではないかと思われる。ただ、例えばアフリカの大草原で暮らす人々でも同じ結果が得られるのかどうかについて、筆者は知らない。確かに我々のように狭く囲われた空間内で、さまざまな器具に助けられて暮らす人間と、大草原で自分の体の力を存分に発揮させて生きる人間とでは、絶対閾にも多少の差があるのかもしれない。だが、もし昆虫の視覚の絶対閾や、イヌの嗅覚の絶対閾と比較できたとしたら、たとえアフリカ大草原の住人だとしても、到底虫やイヌと肩を並べることはできないはずである。恐らくどの感覚にしても、人間の感覚は、たとえどんなに研ぎ澄まされた感覚を持つ人でも、他の動物に比べてかなり感度が鈍いと判定されることだろう。

また、絶対閾は、刺激の強さの下限を示す数値だが、下限がある以上、上限もある。上限とは、それより強い刺激があると、その感覚器官が壊れてしまう危険性が高いので、調べないでおく方が身のためである。

②弁別閾

私たちの感覚は二つの刺激の差も検出できる。音の高さがさっきと少し違う（先ほどより高い、あるいは低い）とか、砂糖の甘さが変わった（甘くなった、あるいは薄くなった）などということも感じることができる。もちろん区別できるといっても、二つの刺激の間にある一定以上の差がなければ、それを検出することはできない。人間に検出できる最低の刺激差を「弁別閾」と呼ぶ。しかし、刺激の量とそれを感じる感覚との関係は必ずしも単純ではない。例えば暗闇で、電球を一個点けると、急に明るくなったと感じる。ところが、電球を二個にした時に明るさも二倍に感じるかというと、ほとんど差を感じることはない。明るくなったと感じるためには、電球を四個点ける必要がある。

このように弁別閾というのは刺激が大きくなるほど大きくなっていくという特徴を持っている。これは、十九世紀半ばにエルンスト・ウェーバーというドイツの生理学者が発見したことである。さらに、ウェーバーの弟子のグスタフ・フェヒナーは、人間の感覚は、刺激の物理的大きさの対数に比例するという「ウェーバー・フェヒナーの法則」を発見した。この法則を、お金に例を取って考えてみると、わかりやすいかもしれない。時給千円でアルバイトをしている人なら、時給が百円上がったら、ものすごく給料が上がったように感じられる。ところが、月収百万円の人だと、百十万円になってもさほどの違いを感じないだろう。月収が二百万円ぐらいにならないと、給料が上がったとは感じられないかもしれない。

二　知覚

感覚の話はこのくらいにして、今度は知覚について考えてみよう。先ほど述べたように、知覚というのは、感覚器官を通して入ってきた情報を「これは赤い表紙の本だ」「大きな机だ」など、私たちにとって意味のある何かとして認識することである。言い換えると、感覚器官から伝えられた情報をもとに、脳がそれをどういうものなのか解釈することだと言える。だから、私たちは自分の目で見ているつもりでいるが、本当は脳が解釈した結果を見ているので、脳が持つ特性に左右されてものの物理的な性質そのものとは違うものを見ている場合が少なくない。そうした例のいくつかを見ていくことにしよう。

① 知覚の体制化

外国語の会話を聞くと、何を言っているのかさっぱりわからないから、人の声がただ流れていくようにしか聞こえないことがある。ところが英語のように少し知っている言葉だと、時々知っている単語が混じるので、そこだけがひとまとまりの単語として耳に飛び込んでくる。日本語の場合なら、それぞれの言葉がどこで切れて、どういうまとまりになっているのか瞬時にわかる。知らない外国語の場合のように、声だけが流れていってしまうことはない。これは脳の持つ、知覚した要素をひとまとまりのものと見なそうとする特性に由来すると考えられる。知らない外国語だと、脳はこのまとまりを知覚しようにもできないので、ただ人の声としてしか知覚できない。ものをまとまりのあるものとして知覚する性質は「知覚の体制化」と呼ばれている。だから私たちは、初めて聞く曲でも伴奏から切り離してメロディがわかる。目の場合だと、あまりにも当然すぎて、「まとまりのあるものとして見ている」と言われても、ピンとこないかもしれない。外の景色を見ると、その中には家、木、歩いている人などさまざまなものがあるが、私たちはそれらを、それぞれ別のものとして認識している。薄暗くてよく見えない場合を除いて、木とそばにいる人間とがどこで区切られているかがわからないということはない。人間の脳は（また動物も）、何かのまとまりとしてものを知覚しようとする傾向を持っている。そう主張したのは、今から百年以上前にドイツで生まれたゲシュタルト心理学であった。「ゲシュタルト（Gestalt）」というのはドイツ語で形態という意味であり、ゲシュタルト心理学派はまさしく、ものをまとまりのある形として知覚しようとする人間や生物の傾向について研究するグループだった。

生まれつき視覚を持っている人にとって、今指摘したように、目で境界線を判断し、それぞれ別の何かとして認識するのは、当たり前のことであり、それができることに少しの不思議も感じない。ところが、生まれつき視覚を持たなかったのに、後になって手術で視覚を手に入れた人にとっては、これは少しも当たり前のことではないらしい。視覚障碍者で、開眼手術後に視力を手に入れた人の事例を見ると、手術後に目の包帯を取ればたちどころに、家族や友人たちの顔が識別できて、感激の対面が実現するというわけにはいかないのだそうである。確かに、光の明るさや色は見えるようである。しかし、周囲の人たちの目や鼻、口などがどれで、どんな形をしているのかは、手（触覚情報）ではわかるのに、目（視覚情報）ではすぐにはできない。「これが目、これが鼻」と一つずつまずは手で確認して、それを目に教えることでやっと理解できるようになる。つまり、それぞれのものを周囲から切り離して、目で識別できるようになるためには、一定期間の学習が必要だったのである。ちょうど、最初はただの声の流れでしかなかった外国語も、学習が進んでいくと、それぞれの言葉がどこで区切られているのかが、わかってくるように。

生まれて初めてものを見るという意味では、出生直後の乳児も同じはずなのだが、生後すぐの乳児にはそもそも、人間の世界についての知識が何もないので、大人と同じようにこの世界を見ているわけではない。生後の経験の中で徐々に「人の顔」とか「お気に入りのオモチャ」などのものを識別していき、知覚の体制化もそれにつれて形成されていくのだと考えられる。

②奥行き知覚

脳は網膜に投影された像をもとに、この世界を「見て」いるということは先に述べたとおりである。しかし、網膜に投影されているのは、二次元の像でしかない。だが、私たちは上下左右と共に、奥行きも「見て」いる。これは、脳が主に網膜上の情報をもとに、さまざまな手がかりを駆使して、奥行きのある三次元の世界を作り出し、我々に知覚させているからと考えられる。

私たちが奥行を知覚できる理由の一つは、目が二つ横に並んでついていることである。片目ずつでものを見てみるとわかるが、二つの目は位置が少しずれているので、それぞれの目に映っている像は微妙にずれている。この像の微妙なずれは「両眼視差」と呼ばれ、このずれが脳が奥行きを知る重要な手がかりの一つになっているのである。3Dメガネはこのずれを利用したもので、左右の目に映る像の違いを大きくすることで、両眼視差を強調し、映像が飛び出しているように見せているのである。

両目からの情報で奥行きを知るためのもう一つの手がかりは、「輻輳角《ふくそうかく》」と呼ばれている。遠くのものを見る時、私たちの両目はほぼ同じ方向を向くが、すぐ近くのものを見ようとすると「寄り目」になる。私たちの眼球をこのように動かすために、目の筋肉は緊張する。この時の筋肉の緊張度が脳に伝わることで、対象物が遠くにあるか近くにあるか脳は判断する。

だが、奥行きを知る手がかりは、なにも両眼からの情報に限られていない。片眼でものを見ていても、私たちはある程度奥行きを知ることができる。その一つに「運動視差」がある。乗り物の中から外の景色を見ると、近くの景色は急速に後ろへ飛び去っていくが、遠くのものは比較的動きが遅い。ずっと遠くの山などはほとんど静止したように見える。このように、対象の動きの早さの違いによって、その対象からの近さを判断することができるのである。

また「仰角」という手がかりもある。仰角というのは、視野の中での地平からの高さのことで、遠くのものほど視野の中では上にあるように見える。絵画でも、遠くのものほど上の方に描かれていることが多い。だからこそ、二次元平面上に描かれていても絵画に奥行きを感じることができるのだ。

「重なり」も奥行きを感じる手がかりになっている。私たちの暮らす環境では、近くのものによって遠くのものの一部分が隠れていることがある。すると脳は、重なって一部が見えなくなっているものの方を、遠くにあるものと解釈する。

絵画でよく使われる透視画法というのも、二次元平面上で三次元を感じさせる方法の一つである。線路や道路などの平行線は、正面から見ると二本の線の間隔がだんだん狭まっていくように見える。すると脳は、間隔の狭まりを距離が遠いからだと解釈する。図1はそうした透視画の上に、二つの円錐が描かれた図である。左右の円錐は、実際には同じ大きさなのだが、右の円錐の方が大きく見える。これは「ポンゾ錯視」と呼ばれる錯視図で、透視図の影響で右の円錐の方が奥にあるように見える。そのため、同じ大きさに見えるということは、実際は右の円錐の方が大きいに違いないと脳が解釈して、私たちにそのように見せているのだと考えられる。

このように私たちはさまざまな手がかりを駆使して奥行きを感じている。だが、私たちはこうした能力を生まれつき持っているのだろうか、それとも生後の学習によって獲得したのだろうか。これまで行われてきた知覚の発達に関する研究では、どちらもあるようだという。例えば両眼視差は、

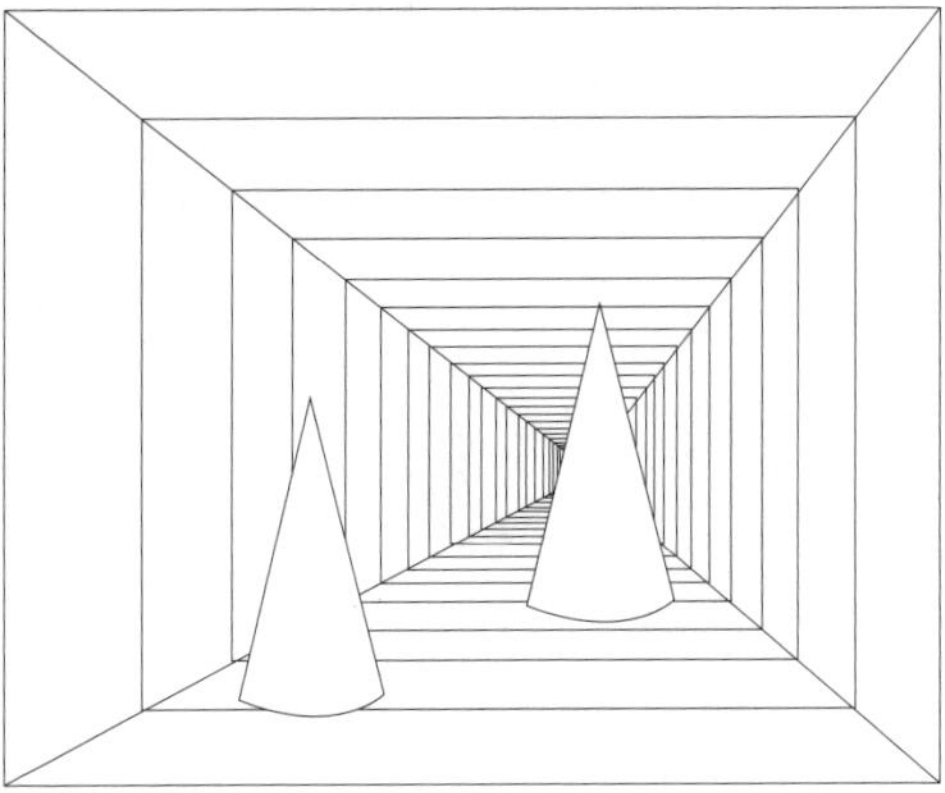

図1　ポンゾ錯視（Scientific American, 1962年7月号）

生後数か月を経てやっと使えるようになる。生後三か月を待たないと、眼球を上手くコントロールすることができないため、両眼視差が生じない。また、生後三か月経ってもなお、両眼から生じるずれた像から奥行きを解釈できるほど脳は発達していないため、それができるようになるにはさらに数か月待たなければならない。このように、ほとんどの奥行き手がかりは、主に学習によって利用可能になっていくようである。

だが、全ての奥行き手がかりが学習によるというわけではない。図2は、子ネコをガラス板の上に置いた時の様子である。これは「視覚的断崖」と呼ばれるもので、子ネコは上から断崖をのぞき込んでい

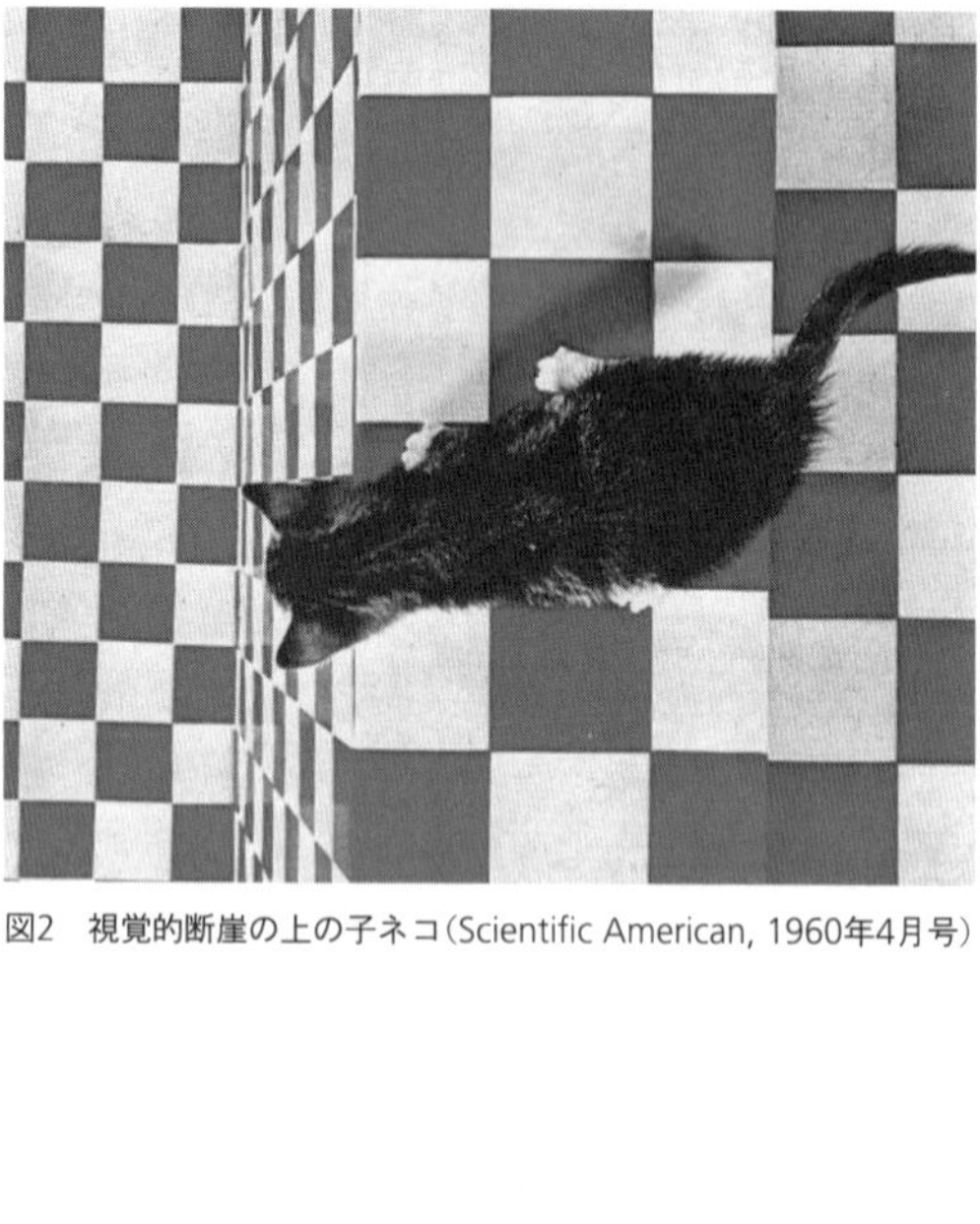

図2　視覚的断崖の上の子ネコ（Scientific American, 1960年4月号）

るように見えるが、実際には、ガラス板が置いてあるため、一歩踏み出しても全く安全である。しかし、子ネコは断崖の手前でとどまって先に進もうとしない。生後間もない子ネコでも、奥行きを見ていて、断崖が危険であることを生まれつき理解していると思われるのである。

これと同じことを人間の乳児に行った実験も数多くある。新生児を対象にした、同様の実験では、新生児を視覚的断崖の上のガラス板に寝かせる。すると、深い断崖上に置かれた時と、浅い断崖上に置かれた時とでは、心拍数が違っていた。この心拍の違いが、断崖に対する恐怖心によるものかどうかはわからないが、少なくとも新生児が、深さの違いを認識していた可能性はある。つまり、人間も生まれつき奥行きを把握する、なんらかの能力があると考えられるのだ。

③知覚の恒常性

小学校の理科で暗箱を作って、箱の壁に映る像を観察した経験のある人にはおわかりだろうが、その時の像は倒立しているのと共に、大きさが極端に変化していた。つまり、暗箱から一メートルの距離にあるものと、二メートルの距離にあるものとでは、大きさが倍違って見えていた。私たちの目の網膜は、外の像を映す暗箱の壁と基本的に同じ仕組みなので、もし網膜に映った像をそのまま私たちが見ているとすれば、距離が倍になれば大きさが二分の一になってしまうような、極端に大きさの変化する像のはずなのである。しかし、私たちが見ている像は対象物に近づいても遠ざかっても、さほど大きさの変化が感じられない。この現象は、「大きさの恒常性」と呼ばれている。

こんな現象がなぜ起こるのかについては、これまでさまざまな議論が行なわれてきた。その中の一つでは、大きさの判断には、対象物までの距離情報が重要な要因になっているのではと指摘されている。つまり脳は、ものの大きさを判断する時に、網膜像の大きさだけでなく、その対象物までの知覚的距離も考慮し、両者を比較して大きさを判断しているのではないかというのである。

「月の錯視」と呼ばれる現象もまた、距離の感覚と大きさ判断とが関係していると考えられている現象である。地平線近くに現れた満月を、ずいぶん大きな月だと感じた経験はないだろうか。ところがその同じ月が天高く上っていって、中天にかかると、地平線近くにあった時より小さくなったように感じる。この現象は、地上に近い時は、大気中の蒸気に光が反射して中天の月より大きく見えるのだと説明されることもある。これまで行なわれた多くの実験では、地平近くの月は中天の月の約三〇%増しの大きさに見えると指摘されている。この現象にはさまざまな解釈が現在でも並存しているのだが、いずれの解釈でも、知覚的距離との関係が指摘されている。地平線に近い位置にある時、観察者の位置と月との間には、山やビルや海や人家などいろいろなものが存在している。そのとき、脳は地平近くの月を、中天の月よりも遠くにあると「推測」してしまうのだろうと考えられる。だから、遠くの山のさらに向こうにある月は、かなり大きいはずなので、見かけ上の大きさとしては、より大きいと感じられるのだというわけである。それに対して、中天の月には、観察者と月との間には、何もなくて距離の判断ができないため、網膜像の大きさだけを頼りに大きさ判断を行っているのではないかと考えられる。

同じような現象は、ものの形にも生じる。例えば丸い皿があるとする。この皿は真上から見れば確かに円形だが、ちょっと斜めから見れば、つぶれた楕円形である。だが私たちはどんな角度から見ても、それを円形だと思う。この現象は「形の恒常性」と呼ばれる。

本章の最初で紹介したように、明るい太陽光の下で見る石炭は、夜空の下の雪より本当は明るい（白っぽい）のだが、私たちは、どのような環境で見ても、元から白いものを、元から黒いものより白っぽいと感じる。これを「明るさの恒常性」と呼ぶ。

このように、私たちは網膜像の変化ほどは、変化を知覚していないらしい。もし私たちが、網膜像の変化の度にそれに応答していたら、私たちの知覚は混乱し、うまく環境に対処することができなくなってしまうだろう。ものの大きさや形、明るさの変化に対して、知覚が比較的安定していることを「知覚の恒常性」と呼んでいる。

余談だが、第一章で紹介した進化心理学からも恒常性について説明しようとする試みがある。少し古いトンネルの中に、オレンジ色の照明が使われているのを知っている方も少なくないと思う。あのオレンジ色の光は低圧ナトリウム灯というが、あの光の下で見るとイチゴはもはや、いつもの赤には見えない。この現象から、「色の恒常性」が働くのは原始時代からあった自然光の下でだけであり、ナトリウム灯の下では、脳はもはや色の恒常性を保持できなくなってしまうのだと進化心理学は指摘しているのである。

④運動視

私たちの脳は、目からの情報をもとに色や形を認識しているわけだが、同時にものの動きも捉えている。

例えば、高いビルの屋上や展望室から、下を歩く人や車の動きを見ているとしよう。人々は蟻のように小さいが、それでも動いているのが、はっきりわかる。脳がどうやってその動きを感知しているのかというと、対象が網膜上を移動するからである。一方で、頭を動かして周囲を見た場合も同じように網膜像は動いているはずだが、この時動いているのは頭の方で、周囲の景色ではないことがわかる。なぜこのように識別できるのかというと、脳が網膜像の動きに加えて、眼や頭の動きも同時にチェックしているからだと考えられる。

反対に、実際には動きがあるのに、私たちがそれを知覚できない場合もある。動きが速すぎたり遅すぎたりする場合である。例えば、時計の短針の動きは私たちにはほとんどわからない。一時間経って前の場所と違うところを指しているのを見て、動いていたとわかるだけである。私たちの目の追跡能力を超えてしまうほど速いものも、やはり見えない。小さな虫の飛ぶ動きや、発射された銃弾などは、肉眼では追うことができない。

⑤動きの錯視

反対に、動きがまったくないところに脳が「勝手に」動きを見てしまうこともある。これを「動きの錯視」という。私たちが比較的頻繁に経験する例として、「自動運動」と「仮現運動」が挙げられる。真っ暗な部屋の中に小さな明かりが一つだけ光っている場面に遭遇したとする。光そのものは何でもよく、タバコの火でも、豆電球でもよい。その光をじっと見ていると、その光はゆらゆらと動いているように感じられる。他にも、都会ではなかなか経験しにくいのだが、真っ暗な夜空に星が一つ二つだけ瞬いているという場合にも、同様のことが起こる。それらの光は物理的には決して動いてはいないのだが、私たちの方が、そこに動きを感じてしまっているのである。これが自動運動と名づけられている、動きの錯視の一つである。実はこの自動運動の正体は、私たち自身の目の動きだと考えられている。真っ暗闇では、その光以外のものを見ることができない。そのような環境では光を見る眼球の動きが、私たちに動きを感じさせてしまうらしい。しかも、その光が実は人の霊魂が漂っているものであるなどといった暗示を加えると、光はますます大きく動くのだそうだ。

もう一つの動きの錯視である仮現運動は、自動運動よりもなじみの深い現象である。街中で見かける電光掲示板のニュースは、文字が左から右へ、あるいは上から下へと流れている。ところが、これらの仕掛けには、どこにも動きをコントロールする部分がないのである。あるのは、たくさんの小さな光のみであり、それらが点いたり消えたりを繰り返しているだけなのである。それなのに、私たちはあたかも文字が左から右、あるいは上から下に動いているように感じる。これが仮現運動である。他にも電車の踏切の信号が点滅している時、一つの光が左右に動いているかのように感じられるのも、同様の現象である。

この現象は、光の点滅以外でも生じる。たとえば、パラパラ漫画もそうである。ノートの隅の同じ位置に、前のページと少しだけ違う絵を描いていき、素早くページをめくると、絵が動いているように感じられる。そしてこれと同じことが起こっているのが、映画やテレビなどの動画である。映画やテレビの映像はなめらかで、パラパラ漫画と同じとは到底感じられないが、実際には静止した写真が連続的に（具体的には、一秒間に二十四コマ程度）スクリーンに投影されたものに過ぎないのである。

このように私たちは、実際の動きも、動きの錯視も日常的に経験しているのだが、それを生じさせているのは、言うまでもなく脳である。脳の中に動きを感知する特別な脳細胞が存在しているのである。

ところが非常に稀な例ではあるが、この脳細胞が欠落している人がいる。彼女の事例を紹介した研究によると、彼女には運動視が欠如しているのだという。運動の知覚以外の、例えばものの認識や、文字を読むなどという行動には何ら問題がない。ただ、視覚的に運動を知覚することだけができないのである。生活の支障で言えば、例えばコーヒーや紅茶をカップに注ぐという単純な行動ができないのだという。液体の動きが知覚できないため、液体面がカップの中で上昇していくのがわからず、注ぐのを止めるタイミングがわからないのだそうである。他にも、人と会話をしている時、相手の顔の動きがわからないため、相手が怒っているのか笑っているのか判断できない。さらには、部屋で誰かと一緒にいても相手の動きがわからないので、突然相手が目の前に現れるように感じてしまう。

当然、彼女には道路の横断は極めて困難である。車そのものは知覚できるが、最初に見た時は遠くにいるように見えた車が、いざ道路を渡ろうとすると自分の目の前に来ているように見えるらしく、それでは怖くて到底横断などできない（彼女は運動視以外の運動知覚は正常なので、車の音の近さを判断することで自分と車の距離が推測できたため、訓練によって次第に横断できるようになったという）。そして彼女は、実際の運動だけでなく、仮現運動も知覚できなかった。つまり、映画やテレビも、音声としては理解できても、動きのある映像としては知覚できない。この例を見ると、先に紹介した、運動を知覚する脳細胞が、実際の運動も仮現運動も同じように検出していることがわかる。

ここまで紹介してきたように、私たちの感覚器官は、外界についての正確で歪みのない像をもたらしてくれてはいない。見かけと現実との違いをうまく利用して人を楽しませる手品というのは、「見たものは真実である」と信じ込んで疑わない、人間の性質を利用しているのだと言える。私たちは、自分の感覚や知覚に対する盲目的な信頼感を、少し疑ってみた方が良いかもしれない。

第四章

なぜ人の名前はすぐ出てこないのか？

人は、四十歳を過ぎる頃から、物忘れが気になり始める。小学生の頃には、たとえ意味ははっきりわからなくても、九九を難なく覚えることができ、千個以上もの漢字の読み書きを覚えられた。これは、中年過ぎの大人たちには、なかなか難しい。彼らが外国語の単語を千個覚えようとしたら、相当な努力を要するだろうし、最終的には降参することになるかもしれない。これは単に大人が忙しくて、暗記などに時間を割けないということだけが理由ではないだろう。やはり、子ども時代には外界の情報を、乾いたスポンジが水を吸い込むように易々と記憶できる能力が備わっているということなのだろう。

第一章でも述べたように、人間が他の動物と異なる点の一つとして、時代や地域によって生活の仕方や価値観が非常に大きく異なっているという点がある。そのため人間は、生まれた後で、生活様式や言葉遣いを覚える必要がある。もちろんイヌやネコも、狩りの仕方や仲間との付き合い方などは、生まれてから親のやり方を見て覚えるのだろうが、人間はそれとは比較にならないほど多くの広範囲にわたる事柄を、生まれてから二十年ほどの時間をかけて覚えることになる。そのために、子どもや青年には、膨大な情報を記憶できる優れた記憶力が欠かせないのである。それに対して、一人前の生活ができる程度に情報を記憶し終えた大人たちはもう、「乾いたスポンジ」ではない。ただその分、かなりの量の既有知識を溜め込んでいて、それを使うことでさまざまな世事に対処できている。だが、その既有知識も、必要に応じてすぐさま思い出せるとは限らない。特に人の名前などの固有名詞は、必要な時に限って出てこないという事態に陥ることも少なくない。

とはいえ私たちは中年以降になると記憶は絶望的なほど衰えると思い込みすぎていないだろうか？　二十代の人が物忘れをすると、うっかりしていただけ、あるいは無責任なだけと解釈され、生活態度や責任感などが問題視されることはあっても、本人の記憶力が問題視されることはあまりない。それに対して、七十代の人が同じように忘れると、年のせいにされる。しかし、記憶の働きにはさまざまな特性があり、若い時には何でもすぐ覚えられるが、中年以降には何でも忘れやすくなるというほど、ことは単純ではない。

さて、記憶というのは誰にとっても身近なものだが、目に見えるものではないため、その正体は茫洋としている。そこで、しばしば比喩的に語られる。例えば、古代ギリシアの哲学者プラトンは、人間の記憶を、大きな鳥かごの中にいる、たくさんの種類の鳥たちになぞらえた。鳥かごから逃げ出してしまった鳥は、もう戻ってこないし、そこにいるはずのオウムを探そうとしても、ほかの鳥たちに邪魔されて、なかなか見つけられないことも多いというのである。確かに私たちの記憶は、覚えていようと思っても、忘れて（逃げて）しまったものは、もう取り戻せないし、頭の中にあるはずと思っていても、必要な時にすぐ見つかるとは限らない。その点では、プラトンの比喩は一部当たっているようにも思える。しかし私たちが記憶している事柄は、かごの中の鳥のように、それぞれがバラバラに無秩序にしまわれているわけではなく、一定のまとまりをもっている。さらに、かごに入った当初の内容が、いつの間にか姿を変えてしまうということもある。つまりプラトンの比喩は、現実の記憶の現象を正しく反映しているとは言えない面が数多くあると思われる。

一　記憶の三つの働き――記銘、記憶の保持、想起

心理学者が記憶について研究を始めたのは、十九世紀末のことである。それ以前には、プラトン以来の伝統で、記憶は哲学者が思弁の対象にするものであり、客観的に測定したり実験したりできるものではないと長く信じられてきた。この思い込みを打ち砕いたのが、ヘルマン・エビングハウスというドイツの若い心理学者だった。彼は、自分自身を実験対象にして、世界で初めて記憶の実験を行ったのである。彼はこの世界初の実験結果を『記憶について――実験心理学への貢献』（宇津木保訳、望月衛閲、誠信書房）と題する本にまとめ、めでたくベルリン大学教授への就任がかなった。彼が行った実験はこうである。意味のない三文字の単語（例　CET、GOYなど）を毎日決まった個数覚えて、後になって思い出せる個数や、どのくらい時間が経つと何割程度忘れるかといったことをデータとして記録した。その結果、学習後の最初の二十分間に情報の多くを忘れ、その後の一時間にもかなりの程度を忘れるが、約一日後まで残った情報は、その後あまり忘れられることがない。これは今日、忘却曲線としてよく知られている。エビングハウスのこの研究以来、記憶が実験的に扱えるものであるということ

が知られるようになり、多くの心理学者が記憶の研究を始めるようになった。さらに、一九六〇年代、七〇年代にコンピュータが本格的な発展を開始すると、コンピュータ科学の影響を受けて、人間の認知処理をコンピュータの情報処理になぞらえて考えることも多くなっていった。

私たちは漠然と「記憶」という言葉を使ってしまっているが、その働き方は「覚える」「覚えている」「思い出す」という三つの部分に分けられる。一つ目の「覚える」は、自分が体験したことや、自分が得た情報を、後で思い出せるような、あるいは他者にその出来事を語れるような形に頭の中で翻訳して、記憶に留めるという働きである。これは「記銘」あるいは「符号化」と呼ばれる。情報とか符号化という言葉自体、すでにコンピュータ科学の影響が色濃い。記銘されたこの情報は、数日間か数週間、あるいはそれ以上の年月、記憶の中に保存される。これは、「記憶の保持」つまり「覚えている」という働きである。保持はまた貯蔵という言い方もされる。そして、記憶内に貯蔵された情報は、必要が生じたとき、あるいは特に必要がなくても、ふと「思い出さ」れる。記憶した内容を思い出す働きを「想起」と呼ぶ。また、この想起は何の努力もなくできる場合もあれば、しばらく頭の中をあちこち探して、やっと見つかるという場合もある。頭の中を探し回る作業は、検索という言い方でも表現される。これら三つの働きは、互いに有機的に連結しており、決して個別に働くわけではない。

しかし私たちは、見聞きしたもののすべてを記銘できるわけではない。周囲にある、さまざまな刺激の中で記銘されるものはむしろごく一部だといえる。多くの場合、その時に最も注意を向けた情報が記銘される。情報を記録するという意味では、ビデオや録音機といった機械と同じ働きのように思われるが、人間の記憶はそれらの記録機とは様相が異なっている。というのは、人間の記憶には必ず、その人の解釈が加わっているからである。事故や事件の目撃情報と、監視カメラの情報とが必ずしも一致しないのは、一つにはこのことが影響している。

さらに記銘された情報には「精緻化《せいちか》」と呼ばれる加工が加えられる。精緻化とは、記銘した情報が確実に貯蔵されるように、あるいは後で思い出されやすいように、情報を加工しようとする働きである。

こうして記銘された情報は、一定期間保持される。保持期間中に、何度か思い出してみる（これをリハーサルと呼ぶ）と、一度もリハーサルが行われなかった場合に比べて、情報がよく保持される。だが、記憶の貯蔵庫の中の情報も、何年間も放っておけば、やはり傷ついたり、消え失せたりしてしまう可能性は捨てきれない。

記銘と保持が間違いなく行われたかどうかを確かめるには、その情報を想起できるかどうかを確かめてみる必要がある。記銘も保持もうまくできているなら、想起は確実なはずである。しかし実際には、保持されているはずでありながら、想起に失敗することは少なくない。ばったり会った人が、誰なのかはわかっているのに名前が出てこないという経験のある人は少なくないだろう。そして、その人と別れてしばらくしてから突然、名前がひらめくということも珍しくない。記憶は貯蔵庫から消え失せていたわけではなかったのである。

二　人の記憶と図書館の比喩

先に紹介したプラトンのように、記憶を何かの比喩で語ることは少なくない。二十世紀以降の心理学でよく用いられる記憶の比喩には、図書館の本探しや、コンピュータの記憶装置といったものがある。どちらもプラトンの鳥の比喩に比べてあまり詩的ではないが、その分プラトンよりも、記憶の働き方についてもう少し多くのことが理解できるのではないかと思われる。

なかでも大きな図書館の比喩はわかりやすいかもしれない。図書館に新しい本を配架する場合、どの棚に置くかは重要である。もし何十万冊もの本が収蔵されている図書館で、本をいい加減に置いてしまったら、後で探し出すことは不可能に近い。必ず一定のルールに従って置き場所を決め、その場所に置かなければならない。世界中の図書館で採用されているのが、本を内容によって分類し、置き場所を決めておくというルールである。内容別に分類・配架されていれば、記憶の心理学についての本を探しに来た学生は、迷わず「心理学」の本が並べられているコーナーに行き、「認知心理学」や「認知科学」の一角にある「記憶」のコーナーを探せば、お目当ての本あるいはそれと同じような本が見つけられる。

人間の記憶も、これと似た配架方式を採用しているらしい。先ほど述べた記銘（符号化）は、新しい本をどのコーナーに並べるべきか吟味して、後で取り出せるようなタグを付けて、しまっておくことに相当する。誰かが探しに来るまで、本は図書館で静かに保管されている。これが保持である。そして手に入れたい本を探すことが検索であり、うまく見つかれば想起が成功したということになる。

三　瞬間的な記憶から長期記憶へ

記憶の記銘、保持、想起という三種の働きのうちの記銘について、もう少し詳しく見ていくことにしよう。どのような情報であれ、最終的に脳の記憶の座に収まるまでには、いくつかの段階を経る必要がある。最初、情報は目や耳あるいはそれ以外の感覚器官を通して、脳内に取り込まれる。実は、この時にもごく短時間だけ情報を保持しておく記憶の働きがある。これは「感覚記憶」と呼ばれている。続いてその情報は自分の持つ既有知識と照合されて理解される。この段階を担っているのが、ワーキングメモリと呼ばれる働きである。さらに、理解した内容は長期間保存しておく場である長期記憶へと送られる。うまく長期記憶に定着させられれば、記憶はある程度長い期間、そこに留めておける。

長期記憶に長年保持される情報というのは、ほんの一握りの情報だけである。私たちは通常「記憶」というと、この長期記憶を思い浮かべやすいが、実際には大量の情報の中から必要なものを選別し、さらに長期間保持しておくのに適した形式に情報を作り変える仕事も、記憶の大切な役割の一つである。後になって思い出すことのできる記憶とは、感覚記憶、ワーキングメモリを通過し、最終的に長期記憶にまで送られてきたもののみである。

①感覚記憶

第三章で紹介したように、私たちの周りには、常時さまざまな感覚刺激（音、匂い、人々の顔など）が存在する。それに加えて空腹感や眠気などの自分自身の身体感覚などの雑多な感覚情報に満ち溢れている。私たちは感覚器官を通してそれらを受け取っているわけだが、そのほとんどは記憶に残ることなく、一瞬のうちに消え去っていく。長い年月を経て思い出せるものなど、ほとんどないか、あってもほんの一部分だけである。

刺激が入ってくると感覚器官は活性化し、その興奮は、感覚刺激が消えてしまった後もしばらく持続する。これが感覚記憶と呼ばれるものの正体である。明るい光を見た後に白い壁を見ると、そこにぼんやりした黒い影が見えることがあるが、これは残像と呼ばれる。この残像も感覚記憶（視覚感覚記憶）の一種である。第三章で紹介したパラパラ漫画もこれを利用したもので一つの絵の情報が視覚感覚記憶に残っている間に、少しだけ違う次の絵が入ってくると、脳は二つの図の違いを動きだと解釈するのである。

聴覚にも同様に、聴覚感覚記憶があると考えられている。例えば、音楽が鳴り終わるとしばらく、耳に残響が残るがあれが聴覚感覚記憶である。これまでに行われた実験から、視覚感覚記憶の持続時間は約〇・三秒程度ではないかと推定されている。同様に、聴覚感覚記憶の保持時間は、もう少し長くて約三秒程度であると推定されている。これほど短時間だけ、残像や残響のような情報を感覚器官が保持しておくのは、脳が重要な情報と、消し去ってもよい情報の選別を行うのに、多少の時間を要するからではないかと考えられている。

こうした感覚記憶は、視覚、聴覚だけでなく、他の感覚器官にも存在しており、すべての外部刺激はまず感覚記憶に留められる。感覚記憶に短時間保存された情報のほとんどは数秒以内には消え去ってしまう。しかし、脳が重要だと判断したごく一部の情報は、次の段階の記憶へと送られる。

②ワーキングメモリ

感覚記憶から送られてきた情報を、長期記憶に保存しておくのに適した形に加工したり、また新たな情報を既存情報と突き合わせるために、情報を必要に応じて呼び出したりという仕事を行うのが「ワーキングメモリ」である。つまり、ワーキングメモリは、情報をしまったり取り出したりする際に、その情報に何らかの加工を施す作業台としての役割を果たしていると考えられる

実際のところ感覚記憶には、情報の内容を理解するだけの時間的余裕はない。送られてきた情報が、どんな内容で、どんな価値を持っていて、すでにある他の知識とどういう関係にあるものなのかといった詳しい吟味は、ワーキングメモリで行われる。ワーキングメモリには、感覚記憶から送られてきた情報と共に、長期記憶から取り出してきた、さまざまな情報も並べられ、比較検討される。

例えば「シャーロック・ホームズの生みの親であるコナン・ドイルは、彼を殺そうとしていた」という情報があったとする。ホームズとドイルがどこの誰かを知らないと、どこかの国で、殺人事件が起ころうとしていると誤解しかねない。一方、彼らの名前を知っていれば、「ドイルは何度もホームズが死ぬという筋立ての小説を考えていたらしい」と推測できる。この時ワーキングメモリには、ドイルとホームズの名前、関連する情報が長期記憶から呼び出されて並べられ、それと今新たに知った情報とを

突き合わせて驚きを感じたり、「今度誰かに、この情報を話さなきゃ」と思ったりする。そこまでに、一秒の何分の一の時間しか、かかっていない。ワーキングメモリはこのように解釈や判断、推測を行い、新たな情報を含めて再度長期記憶に保存しなおす役割を果たしている。

しかし、入ってきた情報のすべてがすぐ加工できるものかといえば、必ずしもそうとは言えない。初めて聞いたややこしい名前のレストランや、数字の羅列の場合、せっかく感覚記憶からワーキングメモリに情報が送られてきたとしても、意味を持っていない情報は加工しにくい。例えば、ひき逃げ事故を目撃した人が、逃げ去った車のナンバーを覚えておいて警察に通報しようと思っても、放っておくと、この番号の記憶はすぐに消えてしまう。こんな時、その数字を繰り返し口に出して言ってみると、少なくとも繰り返している間は覚えていられる。このように情報を繰り返すことを「維持リハーサル」と呼ぶ。とはいえ、維持リハーサルを止めてしまうと保持されなくなるので、何か別のものと関連づけて覚えるようにする方が長期記憶に送られやすくなる。これを「精緻化リハーサル」と呼ぶ。中高生のころ、歴史の年号を覚えるのに「嫌でござんすペリーさん（一八五三年：ペリー来航の年）」などという語呂合わせで憶えた記憶のある人も少なくないだろう。これも一種の精緻化リハーサルである。

しかも、ワーキングメモリは一度に一つの情報しか扱えないわけではない。例えば、電話で話しながら、同時にお茶を入れるのはさほど難しくない。また、かなりの訓練は要するが、同時通訳という高等技能が可能なのも、私たちのワーキングメモリが複数のことを同時に把握することができるからである。ただし、同時に把握できる事柄の数には限界があり、多くても七、八個、少なければ三、四個である。これを超えた数を一度に把握しようとすると、どれかがこぼれてしまい、その情報は消失してしまう。これを、ワーキングメモリの限界容量という。同時に把握できる数を、ジョージ・ミラーという心理学者は「マジックナンバー」と呼び、それがだいたい七±二個ぐらいであることを、さまざまな対象を用いて実験することで明らかにした。

③長期記憶内の情報

私たちは、記憶（長期記憶）の中に、さまざまな情報をしまい込んでいる。その中には去年の夏休みの思い出も、「徳川家康」についての知識も、「クロールの泳ぎ方」も入っているかもしれない。非常に多くの雑多な情報が保存されている。これらの情報は、いくつかの仕方で分類できる。一つの分類法として、情報を「手続き的記憶」と「宣言的記憶」とに分類するという方法がある。

手続き的記憶というのは、何かの「仕方」についての記憶である。私たちは、生まれてから、歩き方や箸の使い方、もう少し大きくなってからは、自転車の乗り方、楽器の演奏の仕方などを学習する。これらの手続き的記憶は、憶えるのに時間がかかる。何度も練習を繰り返して、やっとできるようになるものである。しかし、いったん技能を獲得してしまえば、たとえしばらく使わなかったとしても憶えていられる。小学校の時に憶えた自転車に乗るという手続き的記憶は、十年以上使わずにいても残っていて、大人になっても問題なく乗れる。高齢になって、知識としての記憶は多少怪しくなってきたとしても、こうした手続き的記憶は頻繁に使っていればなおさら衰退しない。それどころか、名人と言われる人の技能は、加齢と共にますます磨きがかかる。反対に、頻繁に使っているはずの手続き的記憶が思い出せなくなったとしたら、そうした記憶を保持している脳の領域に何らかの損傷が生じている可能性が考えられる。認知症というのは、脳細胞が急速に死滅してしまう病気で、手続き的記憶を含む、さまざまな記憶が消滅してしまう。認知症のお年寄りが、お茶の入れ方を忘れたなどという話は稀ではない。

また、手続き的記憶は、その技能を言葉で表現するのが難しい。ピアノの巨匠に「どうしたらそのように弾けるのか」と尋ねてみても、十分な答えが返ってくることはないだろうし、まして質問した側が同じく巨匠になれることは決してない。手続き的記憶は、自ら練習を繰り返して、いわば「体に覚えさせる」以外に獲得の方法はない。

もう一方の宣言的記憶は手続き的記憶と違い、言葉で説明できるものである。宣言的記憶はさらに、「エピソード記憶」（あるいは「出来事記憶」）と「意味記憶」の二つに分類される。

エピソード記憶というのは、自分自身が実際に体験した事柄についての記憶のことで、場所と時間の情報が一緒に付け加わっていることが多い。私たちが「思い出」と呼んでいるものは、ほとんどがこのエピソード記憶である。たとえば「私は×月×日に、都内○○で、交通事故を目撃した」などというのは、エピソード記憶である。しかも、その出来事の多くは一回きりで繰り返されることがない。そのため、この記憶は何年か経つと消えてしまったり、他の記憶と混同されてしまうことがある。

これに対して意味記憶は、私たちが持っている、この世界についての一般的知識である。こちらは、いつ、どこでその知識を得たのか、あまりはっきり意識されることがない。なぜなら、エピソード記憶と違って、その情報に接するのがたった一度きりではないからである。冬を英語でWinterと表すことをいつどこで覚えたのか、私たちは正確に記憶していないかもしれない。たぶん中学校の英語の授業で習ったのだろう。しかし、この知識はその後も何度か思い出され、使われながら今日に至っている。そのためエピソード記憶と違って、完全に忘れ去られることはない。また、大量の意味記憶を長期記憶内に保持しているからこそ、私たちは人とスムーズに会話ができ、また本の内容やインターネットの記事を理解することができる。

四 忘れの原因

私たちが何かを想起する場合、その仕方は、大きく二種類に区別できる。道で出会った人の名前を自ら思い出せたなら、その人の名前を「再生」したと言う。このように再生とは、記憶している内容を自ら想起することである。

その場ではどうしても思い出せず、後で住所録や名刺から、その人の名前を見つけて「こんな名前だった」と確認したのなら、それは「再認」である。再生と違い再認は、思い出すべき人の名前を正確に記憶していなくても、それらしい名前を見つけるだけで済むため、比較的容易である。

情報を記銘し、しっかり保持したつもりでも、最終的にうまく想起できないことが時にある。また、事実と違う内容を想起してしまうことさえある。なぜ人の名前はすぐ出てこないのかという問いは、なぜ人は物忘れをするのかという問いでもある。これに対する答えはいろいろある。先ほど紹介した記憶の三種の働き――記銘、保持、想起――のそれぞれが、忘れる原因になり得るからである。それらについて見てみよう。

①記銘の時に起こる忘れ

毎日通っている道に建っていた家が突然取り壊されると、どんな家だったのか、よく思い出せないということがある。毎日のように見ていたはずなのに、屋根や壁の色さえ思い出せない。同じように、毎日使っているはずのお札《さつ》や硬貨の図柄など、見慣れているはずでありながら、いざとなるとまったく思い出せないものもある。

レイノルド・ニカーソンとマリリン・アダムスという二人の心理学者が、女子大生たちに一セント硬貨の図柄らしき図を十五枚見せ、次の四種類に分けてもらった。

つまり、(1)一番本物らしいもの、(2)もしかしたら本物かもしれないと思うもの、(3)たぶん違うと思うもの、(4)絶対違うと思うものである。(1)として選べるのは一枚だけだが、(2)から(4)は何枚選んでも良い。結果、本物の図柄を(1)と答えた学生は、三十六人中十五人、本物の図柄を「絶対違う」と答えた学生も五人いた。これは彼女たちに限ったことではなく、コイン収集家以外はたいていこの程度しか記憶していない。例えば、五百円玉の表に描かれた植物が何か思い出せるだろうか？あるいは、富士山が描かれているのは、どの紙幣だったか思い出せるだろうか？

こういった例は、私たちの周囲に少なくない。なぜこういうことが起こるのかというと、毎日通っている道に建っている家は、そこにあるということ以上に詳しく知っておく必要はまずないからである。お金の場合も、百円玉と五百円玉を区別する必要はあるが、だからといって図柄を知らなくても日常生活上少しも困らない。つまり、硬貨の図柄は忘れてしまったというより、もともとよく見ていなかったという方が正しい。言い換えれば、きちんと記銘していなかったのである。

私たちは膨大な量の記憶を貯蔵しているが、だからといって無制限に何でも記憶しておけるわけではない。さほど必要でない情報を保持しておかないようにすることを、「認知的経済性」と呼ぶ。

②記憶の保持の間に起こる忘れ

それでは、うまく記銘され、きちんと記憶の貯蔵庫にしまわれれば、その情報はいつまでも大切に保管され続けるのだろうか。大学の教養課程で認知心理学の授業を受けた人たちが、十二年後に授業の内容をどのくらい覚えているか調べた研究がある。最初に忘れられてしまうのは、心理学者たちの名前であった。それに比べて、心理学的概念の方は十二年経っても比較的記憶に残っていた。人の記憶の貯蔵庫は、実際の倉庫と違って、そのままの状態で何年間も保管しておけるわけでない。記憶の貯蔵庫で長期貯蔵に耐えられるのは、知識の中心となる概念であるらしいのだ。確かに、昔読んだ小説も、主人公の名前などはすぐ忘れてしまうが、大まかな筋書きは少なくとも思い出すことができる。他方、人の名前が忘れられやすいのは、人の名前がその人の職業や性格、自分との関係といった、他の事柄とあまり関係のない、孤立した情報である場合が多いからだと考えられる。

③想起の時に起こる忘れ

ものの名前や人の名前が出てこず、「ほら、あれあれ」とか「あの人だよ、あの人」などと周りに助けを求めることがある。私たちが「想起の失敗」を最も強く思い知らされる時である。日本語ではこの現象を「喉まで出かかった」と表現するが、英語では「舌の先（まで出かかった）」という意味で、ＴＯＴ（Tip Of the Tongue）と言い、心理学でもこの現象を「ＴＯＴ現象」と呼んでいる。ＴＯＴが生じる理由については、いくつかの説明がされている。例えばその一つに、探している言葉と似た他の言葉が先に思い出されてしまい、想起を妨害してしまうという可能性が考えられる。先ほどのプラトンの比喩で見れば、探している鳥が他の鳥に邪魔されて見つからないという状態である。また、思い出すための手がかりそのものが間違っていて、うまく検索できないという場合もあるだろう。「ヨシダさん」が正しい名前なのに、「マ」で始まる名前だったと思い込むと、マ行の名前ばかりを探してしまい、なかなか正解に辿り着けなくなってしまう。

また、ＴＯＴが加齢に伴って増えることに着目した研究もある。脳内では、一つの事柄についての情報は複数の脳細胞に分散されて保存されている。それらを連結させることで、一つのまとまった内容が思い出されるのである。たとえば「ヨシダさん」の情報が必要な時は、まず「ヨシダさん」の姿かたちを含むイメージが貯蔵されている脳細胞が活性化する。すると信号が他の細胞へと伝播し、その人についての情報が次々活性化されていく。

ところが中年を過ぎた頃から、この活性化の度合いは弱まっていき、伝播していく間に信号が途絶してしまう。実はものや人の名前の音韻が貯蔵されている細胞は、活性化の大元となるイメージが貯蔵されている細胞から、かなり遠いところにある。そのため、脳細胞が強く活性化されないと、音韻情報が貯蔵されている細胞まで到達することなく信号は消えてしまう。しかし、イメージや概念を貯蔵する細胞の方は、信号を送ろうと活性化を続けているので、思い出そうとしている本人は、音韻情報に辿り着こうと躍起になる。そして、結局思い出せずに諦めた後しばらくしてから、ふと思い出すこともある。これは、私たちの意識が検索を止めてしまった後も、脳が検索を続けていたためだと考えられる。

若い人でも、ＴＯＴは起こす。しかしＴＯＴが起きる原因は、二十代と五十代では違っているのかもしれない。若い人のＴＯＴの原因は、別の言葉が邪魔をしている場合が多いようである。ＴＯＴには複数の原因をあると考えておく方が良さそうである。

五　記憶の変容

ここまで、忘れるという現象について紹介してきた。とはいえ、覚えていたことをきれいさっぱり忘れてしまうことは、少なくとも健康な状態の私たちにはさほど多くない。むしろ、見聞きしたり体験したことが事実とは異なる形で思い出されることの方が多いかもしれない。記憶は変容するのである。

エリザベス・ロフタスとジョン・パーマーは、取り出し方によって、記憶が変容してしまう例を紹介している。実験の内容はこうである。実験協力者たちに、二台の車が衝突する映像を見てもらう。その後、協力者たちに、その衝突シーンでの車のスピードを推測してもらった。彼らの狙いは、質問の仕方によってスピードの推測値に違いがあるかどうかを調べることであった。一つのグループには「車がぶつかるシーンで、どのくらいのスピードが出ていたと思いますか？」と質問した。別のグループでは、「ぶつかる」の部分を「激突した」に変えて同じ質問をした。その結果、「激突した」

という言葉を聞いたグループの方が、スピードを速めに推測していた。さらに、「その時、車のガラスは割れたか?」と聞かれると「割れた」と答えた回答者の割合が高かったのは「激突した」と質問されたグループの方であった

この実験で示されたように、私たちの記憶は比較的簡単に変わってしまう。それだけでなく、私たちは自分でも気づかずに記憶を捏造《ねつぞう》してしまうこともある。ロフタスたちは、大学生の親たちに依頼して、学生たちが子どもだった頃に遭遇した出来事を書き出したリストを作ってもらった。学生たちにそのリストを見せながら、そこに書かれた子ども時代の体験を思い出してもらった。ところが、リストの中には、いかにもありそう(例えば、デパートで迷子になった、イヌに噛みつかれたなど)だが、実際にはなかった出来事が一つだけ混ぜてあった。数日間にわたって、繰り返しそれらの出来事を思い出してもらうと、多くの学生が偽の出来事も「思い出す」ようになってしまったのである。

このように私たちは比較的簡単に、実際はなかったことも事実のように思いこんでしまう。だが、私たちは思いがけず事故や事件の目撃者になってしまうことがある。交通事故の方は、近年監視カメラが増えてきているので、幸いにしてカメラの映像が

残っていれば、疑いの余地なく解決されるだろう。だが、事件の犯人の特定には、現在でも目撃者の証言が重要な根拠になる場合が少なくない。しかし、パニック状態で見た犯人の顔を後で正確に特定したり再現したりできるほど、私たちの記憶は確固としていない。思い込み、顔の好悪、新聞報道といったさまざまな要因によって、記憶はいくらでも変容する余地がある。そのために冤罪が生まれた実例もかなり多いと聞く。

私たちの想起は、実際の体験がそのまま取り出されるというものではない。想起とは、記憶の断片を組み立てなおす（これを再構成という）ことであり、記憶の断片が見当たらない部分は、推測や他の知識で埋めてしまうことが少なくない。私たちの記憶は、情報の記録機ではなく、私たちの解釈の産物だと言える。

◉第五章

イヌは学校で何を教わるのか？

人間のためにさまざまなことをしてくれる動物は多い。サーカスに登場する猛獣、ゾウ、アシカたちの素晴らしい芸に、人間は驚き感動する。だが動物の中でも、最も多様な奉仕をしてくれているのは、間違いなくイヌだろう。盲導犬、警察犬、麻薬探知犬、災害救助犬、介護犬などの活躍を街で、あるいはテレビ越しに知っている。さらに、人間と一緒にダンスをしたり、フリスビーの妙技を披露したりするイヌもいる。また最近では、家庭でペットとして飼われている普通のイヌたちにも、学校（ドッグスクール）に通うものが少なくないという。彼らは、別に盲導犬や警察犬になるわけではないが、それでも学校に通う。子イヌのための幼稚園もあるし、人間の家庭教師が家に来てイヌの教育をしてくれるというサービスもあるという。ペット犬がなぜ学校に行くかというと、無駄吠えをする、飼い主の言うことを聞かない、人に噛みつくといった問題行動を矯正をするため、そして人間社会の一員として社会生活を送れるようにするためなのだそうだ。

ドッグスクールあるいは訓練所での教育は、人間のように、教室で先生が教科書と黒板を使いながら教えるのとは大分様相が異なる。イヌの場合、人間のように言葉を主体とした教育が難しいと考えられるからである。そのため、イヌに対しては「教育」ではなく、「訓練」「調教」という言葉を使うのが一般的になっている。

ではイヌたちはどのように訓練されて、特殊技能を身に付けたり、「躾の良いイヌ」になったりするのだろうか。心理学には「学習理論」あるいは「行動理論」という考え方があり、イヌはこの理論に従って訓練される。ちなみに、学習理論における「学習」とは、「経験によって、行動や心的過程に永続的な変化が生じること」と定義されている。この学習の最も原初的な形態は、「条件反射」と普段呼ばれている現象である。

一　パブロフと古典的条件付け

二十世紀の初め頃に、ロシアの生理学者イワン・パブロフは、イヌを研究対象として、唾液についての研究をしていた。彼は、イヌの唾液腺にチューブを取り付ける手術をし、唾液がチューブを通じてフラスコに溜まる仕掛けを施した（今日の動物愛護の観点から見ると、現在ならおそらく実験の許可が下りないことだろう）。その状態で実験室につながれていたイヌたちだが、何日か経つと、研究助手が餌をもって実験室の扉を開けた途端に唾液を大量に出すようになった。本来なら食べ物を口に入れない限り、唾液は出ないはずだが、扉が開く音を聞いただけで唾液が出てくるようになったのである。パブロフが天才的だったのは、この現象に疑問を持ったところである。普通の人なら「まだ食べてもいないのに唾液を出すとは困ったイヌだ」ぐらいにしか思わないだろう。

ここから彼は食物以外の要因でイヌが唾液を分泌するようになるメカニズムを研究し始め、今日よく知られる「条件反射」という現象を世界で初めて発見したのである。

学習理論では、食物のように、もともと唾液を分泌させる力を持っている刺激を「無条件刺激」と呼ぶ。また、食物が口に入って唾液が分泌されるという反応は、学習されたものではなく、人や動物が生まれつき持っているものである。これを「無条件反応」と呼ぶ。これに対して、ドアが開く音は本来、唾液の分泌とは何の関係もなかったが、ある時から唾液を分泌させる刺激になった。こうした刺激は「条件刺激」と呼ばれる。そしてドアの開く音で唾液が分泌されるという反応を「条件反応」と呼ぶ。

さて、パブロフの実験に話を戻すと、彼がまず注目したのは、ドアの開く音が聞こえてから食べ物が口に入るまでの時間関係であった。つまり、条件刺激であるドアの音と、食べ物という無条件刺激とが時間的に近接していたため、条件反応としての唾液分泌が起こったのである。それなら、食べ物と同時に与えられさえすれば、ドアの音以外でも同じような現象が引き起こせるのではとパブロフは考え、メトロノームやベルの音などでもそれを確認した。そして、条件刺激で条件反応を引き起こすこの方法を「条件付け」と名づけた。

この条件付けは、イヌだけでなく、私たち人間にも起こる。日本に住む人になじみ深いのは、梅干しの例だろうか。昔ながらの塩辛い梅干しを知っている人なら、想像するだけで口の中につばが溜まってくるのではないか。これはまさしく我々が条件付けられているからであり、梅干しを知らない人は、梅干しを見ても何の反応も起こさない。また、お昼のチャイムを聞いた途端にお腹が鳴る小中学生も、同じように条件付けられているのかもしれない。この時の条件反応は生理的な反応に限られていない。恐怖や不安のような不愉快な感情が条件付けられてしまう場合もある。

しかし条件反応は、一旦形成されたからといって永続するものでもない。無条件刺激が与えられなくなれば、いずれ消失してしまうものである。パブロフのイヌの場合も、ベルの音の後に餌を与えない状態を続けると、やがて唾液は出なくなってしまった。これを「消去」と呼ぶ。

消去の手続きを応用したのが、行動療法の「脱感作療法」である。この治療法は不安神経症とか強迫神経症の患者に対して行われることが多い。強迫神経症というのは、例えば何かに少しでも手が触れるたびに手を洗わずにいられないといった症状の病気である。四六時中手を洗っていては、生活に支障をきたすのは目に見えているし、手も荒れてしまうだろう。頭では不合理だとわかっていても、それを止められない、止めると不安でいてもたってもいられない（例えば、手からばい菌が入り死ぬのではないかと不安になるなど）のが、この病気の症状である。

こうした症状を緩和するためには、手で何かを触るという刺激（あるいはそれを想像すること）に条件付けられた不安、恐怖の感情を消去すれば良い。と言っても、恐怖や不安の感情を直接、すぐに取り除くのは難しい。そこで、患者にはまず筋肉の緊張を取り除いたリラックスした状態を覚えてもらう。そのうえで、患者に、恐怖や不安の対象になっているものを（あるいは、その状態へと）少しずつ近づけていく。人は不安や恐怖のような感情に見舞われている時には、体の筋肉を強く緊張させるものなので、恐怖の対象物が近くに来ても、リラックスした状態を維持できれば、恐怖による緊張状態になれない。それを繰り返すことで、恐怖の原因刺激と、恐怖による筋肉の緊張との関係を消去しようとするのである。当然ながら、素人が簡単にできる方法ではないので、病院で専門家の指導のもと行う必要がある。

条件反応は、条件刺激に対してだけ生じるわけでなく、それとよく似た刺激に対しても生じてしまうことがある。これは「般化」と呼ばれる現象で、「坊主憎けりゃ袈裟まで憎い」ということわざは、この現象を表したものである。つまり、本人(坊主)に対して、嫌いという感情反応が条件付けられると、その人の周囲にあるもの(例えば袈裟)に対しても、同じ条件反応(嫌いという感情)が生じてしまうということになる。

二　スキナーとオペラント条件付け

今紹介した条件付けでは、刺激が与えられると、本人の意思とは関わりなく反応が起こってしまう。二十世紀の中頃になって、これとは違う形の条件付けが提唱されるようになると、パブロフのイヌの条件付けは「古典的条件付け」あるいは別名「レスポンデント条件付け」と呼ばれるようになった。

新しい条件付けの方法は「オペラント条件付け」と呼ばれている。オペラント条件付けは、たまたま行ったある行動が、何か良い結果（あるいは悪い結果）をもたらした場合、それと同じ行動をする頻度が増える（減る）というのがその原理である。オペラント条件付けを提唱したアメリカ人心理学者のバラス・フレデリック・スキナーも、パブロフがイヌを対象としたように、最初は動物、特にネズミやハトを使って実験を行った。彼は道具の発明にも才能があったらしく、彼が作成したスキナーボックスと呼ばれる箱は、このオペラント条件付けの実験には欠かせない道具となっている。この箱の内部には横棒（バー）が取り付けられており、動物がそれを押すと、穴から餌が少しだけ出てくる仕組みになっている。この箱に動物を入れると、最初は箱の中をうろうろするだけだが、そのうちバーを偶然押すことがある。すると餌が出てくる。この偶然が繰り返されるうちに動物は、バーを押しては餌を食べるという行動を繰り返すようになる。オペラント条件付けが成立したのである。

他にも、壁に電球を取り付けておき、電気が点灯したときにバーを押したら餌がもらえるという仕組みにしておくと、バーをただ無暗に押せばよいのではなく、特定の信号（電気の点灯）のある時にだけバー押しが餌に連動することも、ネズミやハトは学習する。ただし動物の場合、空腹でないと、このような学習をさせることはできない。

スキナーは、このオペラント条件付けの原理は人間にも当てはまるだろうと考えた。例えば、幼児が床に落ちていた紙くずをゴミ箱にたまたま捨てたとする。そのとき周りの大人たちが盛大に褒めると、幼児はその後も同じような行動をする可能性が高まる。イヌたちが学校で訓練される時の原理も、多くはこれである。もちろん、先ほど紹介したレスポンデント条件付けもまったく使われないわけではないが、応用される場面は限られている。

ある行動をたまたま、動物あるいは人間が何気なくしたとする。その行動に対して褒美に類するものが伴ったために、その行動の出現頻度が上昇したという場合、学習理論では、この行動が「強化」されたという。先ほどの幼児は、ゴミ箱に紙くずを捨てるという行為を強化されたわけである。強化するのに使われた褒め言葉や、お金あるいは食べ物などのご褒美は「強化刺激」と呼ばれる。

三　行動形成——どうやって「お手」させる?

さて、盲導犬などの有能な動物たちが、どうやってその技能を獲得するのか、もう少し具体的に見ていこう。例えばイヌに「お手」を教える場合、イヌが前脚を出す行動をした時に強化することで、前脚を出すという行動の出現頻度を増やせることはわかる。しかし最初のうち、イヌは「お手」と言われても、それらしいそぶりさえしない。辛抱強く、イヌが「お手」のポーズを自発的にするのを待っているだけでは、なかなか新しい行動は獲得されない。このような場合、いきなり目的の行動をさせようとするのでなく、それに近い行動を強化するところから、徐々に目的の行動へ移行させていくという方法を取る。これを「行動形成（シェイピング）」と呼ぶ。「お手」の場合なら、まず、「お手」と言いながらイヌの前脚を人間が持ち上げて、少しの間でも人の手の上に乗せていられたら強化する。次に、人間の手を借りずに「お手」と言った時に、自分から前脚を上に挙げる行動をしたら強化し、さらに人の手の上に自分から前脚を乗せたら強化するといった段階を経ていく。そうすることでイヌは最終的に「お手」を学習する。

もっと複雑な行動を覚えさせる場合も同様である。小さなネズミを台の上に乗せると、そのネズミは近くにある鎖を引っぱって、はしごをおろす。そのはしごを上って二階に行き、さらにブランコに乗って反対側の台に到達するとそこでやっと、餌にありつける。これは「行動連鎖（チェイニング）」と呼ばれる方法を使って、ネズミに学習させた結果である。先ほどの行動形成を次々と続けていくことで、小さなネズミにもこれほどの芸当を学習させることができる。行動連鎖の方法を利用することで、複雑な行動を学習させることができ、中には、サーカスのスターになる動物も出てくることになる。

四　生と負の強化刺激

強化は、正の強化と負の強化とに区別されている。正の強化とは、先ほど例に挙げた誉め言葉や食べ物のように、うれしい強化刺激が与えられることで行動が強化されるものである。一方、負の強化とは、何か嫌なもの（痛み、騒音など）が取り除かれることで、行動が強化されることを言う。ここで使われている「正」という語は、何かを与えるという意味であり、「負」という語は、何かを取り除くという意味である。

食べ物や飲み物、あるいは快適な環境といった強化刺激は、イヌにも人間にも共通する正の強化刺激である。それでは、お金はどうだろうか。犯罪の多くにお金が絡んでいるように、お金には人の倫理観を麻痺させてしまうほどの魅力があるのだろう。特に大人にとっては、褒め言葉より、食べ物より魅力的な正の強化刺激はお金だろう。ところがイヌにお金を与えても、まったく喜ばない。人間にとってだけ、正の強化刺激となるものである。地位や名誉、テストの点数、金メダルなども同様だろう。それらを手に入れるために人間は、奮励努力したり血まなこになったりする。こうした人間だけに魅力的な強化刺激は、「条件性強化刺激」と呼ばれる。それ自体を食べたり、それ自体で遊んだりすることはできないが、それを持っていると、他に魅力的なものが手に入ることを、人間は学んで知っているのである。

また人間の場合、何が正の強化刺激になるかは、それぞれの価値観や状況によっても違うかもしれない。例えば、教室で授業の邪魔をする生徒がいたとする（最近では、そうした子はすぐに発達障害を疑われてしまうのかもしれないが、そうでなくても授業中におとなしく座っている子ばかりではない）。当然ながら教師はその子を注意する。しかし、それでも問題行動が消えなかったとしたら、その子にとって正の強化刺激になっているものが何なのか考えてみる必要があるかもしれない。その子にとって教師に叱られること、そのせいでクラスメイトに注目されることは、嫌どころか喜ばしいことなのかもしれない。もしそうなら、教室で騒いだり、授業の邪魔をしたりする行動は強化され、その頻度を増すだけであり、注意を与えるという教師の行動は徒労でしかなかったことになる。

何が強化刺激になるかわからないという別の例として、エドワード・デシという名の心理学者が次のような実験を行った。幼稚園児の中でお絵かきが好きな子たちに、自由にお絵かきをしてもらった。次の日、今度は二つのグループに分かれて同じようにお絵かきをしてもらう。一方のグループには、絵を描き終わるとご褒美としてメダルを与えるが、もう一方のグループには与えない。そのまた次の日には、お絵かきを始める前に、先生が「今日はメダルはありません」と伝える。その日の子どもたちの様子を観察してみたところ、前日にメダルをもらわなかったグループは、同じように楽しく絵を描いていたのに対して、メダルをもらったグループは積極的に絵を描こうとしなくなっていた。絵を描いても、今日はメダルがもらえないとわかっていたからである。

この実験の結果を整理してみると、最初この幼稚園児たちにとっての正の強化刺激は、お絵かきそのものであった。絵を描くこと自体が楽しくて、絵を描いていた。ところが、一旦メダルという別の強化刺激が付随すると、それなしでは絵を描こうとしなくなってしまったのである。このように強化刺激が伴うことで行動の出現頻度を高めることはできるが、その時に何を強化刺激として用いるかは慎重に吟味される必要がある。

五　嫌悪条件付け――罰は有効か

これまで、行動の出現率を上昇させるオペラント条件付けの例を見てきたが、嫌な体験を付随させることで、行動の出現確率を下げることもできる。

例えば我が家のネコは以前、熱いアイロンに鼻先で触ってしまった。やけどには至らなかったが、それ以来二度とネコはアイロンに近づかなくなった。このように嫌な体験（嫌悪刺激）が付随することで行動の出現頻度を下げることを「罰」と呼ぶ。ここでも、罰には正（嫌なものを与える）と負（大切なものを取り上げる）の二種類がある。例えば、いたずらをした子どもを親が叱るのは正の罰、スピード違反で罰金を徴収されるのは負の罰の例である。

オペラント条件付けの生みの親であるスキナーは、罰という方法によって行動の出現頻度を下げることを、できるだけすべきではないと力説している。その理由の一つは、望ましくない行動を抑制するという罰の力が有効なのは、罰が存在している間だけであり、その脅威がなくなれば抑止力も消えてしまう可能性が高いからである。例えば、罰金を課すことで交通違反が大幅に減ったかというと、そうでもなさそうである。違反をしたら、毎回必ず大枚の罰金を取られるというわけではないからである。だから、たまに違反が見つかってしまうと、「運が悪かった」としか思わないし、むしろ見つからないための工夫の方に、力が注がれてしまったりする。

さらに恐ろしいのは、罰を与えた側がその行為自体に快感を覚えたり、それによって攻撃性が刺激されてしまう可能性があることである。子どもに罰を与えているといいながら、いつしか子どもへの虐待にエスカレートしてしまう危険性もある。一方、罰を与えられた側にしてみれば、自分が間違った行為をしたということはわかっても、それならどう行動すべきだったのかについて学習する機会は与えられていない。

それでは、罰を使うことなく、望ましくない行動を抑制するにはどうすればよいのだろうか？　そのための方法の一つは、消去の手続きを行うことである。先ほども述べたように、望ましくない行動が出現するのは、その行動から何らかの強化刺激を得ているためであり、行動と強化刺激との関係を切断することができれば、その行動は消去されるだろう。何が強化刺激になっているのかを見極めるためには、どのような状況で、その行動が出現するのかについての詳細な分析が欠かせない。スキナーのこの行動理論は「行動分析」あるいは、「応用行動分析」と呼ばれている。

望ましくない行動の出現を回避するためのもう一つの方法は、当該の行動と拮抗する別の行動を強化することである。先ほど例に挙げた交通違反をすることと拮抗する行動は、交通ルールを守って運転することである。だから、交通違反という行動に罰を与える代わりに、交通ルールを守る行動に何らかの報酬が伴うように強化すればよい。近年では、保険会社が一定期間交通違反をしなかった運転者に報奨金を提示するといった方法を取り入れるようになっているようだが、これは応用行動分析の考え方に沿った方法だと言えるだろう。

六　学習性無力感

しかし、嫌な刺激にさらされるという場面は、必ずしも罰を与えられた場合だけではない。もし嫌な刺激から逃れる手立てがない場合、人や動物はどうなってしまうのだろうか。人間で言えば、今の仕事が嫌でたまらないが、生活のために辞めるわけにもいかないというサラリーマンが、ちょうどこの状態に当たるかもしれない。

マーティン・セリグマンという心理学者がイヌを対象に、次のような実験を行った。まずイヌたちを三つのグループに分ける。どのグループのイヌも、身動きできないように天井からつるされたハンモックの中に入れられ、そのうえ二つのグループのイヌは電気ショックまで与えられる。このビリビリとくる刺激は、体に悪影響はないものの、かなり不快なものである。ただし、一方のグループのイヌには、この不快な電気ショックを止める手立てが与えられている。イヌの鼻先にパネルが設置されており、鼻で押すことで電気を止めることができるようになっているのである。このグループのイヌたちは、最初のうちこそ電気ショックにさらされていたものの、間もなく、パネルを押して電気ショックを止めることを学習した。もう一方のグループのイヌたちにも電気ショックを与えられるが、こちらには電気ショックを止めるパネルがなく、ただ耐えるしかない。三つ目のグループは、ハンモックにつるされるだけで電気ショックを経験しない。

こうした経験をしたイヌたちを二十四時間後に今度は、床が金属格子になった箱に入れる。この箱の真ん中には仕切りがあり、片側の部屋の床には電気が通るが、もう片側には通らない。イヌははじめ電気が通る方に入れられているが、仕切りを飛び越えれば、電気ショックから逃れることができる。先ほど、電気ショックを止められることを体験したイヌたちは、間もなく仕切りの向こう側へ逃れることを学習した。電気ショックを経験しなかったグループのイヌたちも、同様に逃れる方法を発見し学習した。ところが、先ほど電気ショックを止められないことを体験してしまったイヌたちは、じっと電気ショックに耐えているだけであり、どうやったら逃げられるか、試してみようとすらしなかったのである。この現象をセリグマンは、「学習性無力感」と名づけた。この可哀そうなイヌたちは、「何をやっても、この苦痛から逃れる手立てはない」ことを学習してしまったため、回避する手段がある場合も、それを試みようとしなかったのである。

七　説明スタイル――体験の解釈

一見すると、人間でも同じような結果を示すように想像される。だが、セリグマンはそうではないと考えた。人間は何かを経験すると必ず「なぜそうなったか」と理由を考える。イヌの場合は、どのイヌも同じような結果を示したが、人間の場合は、経験に対する解釈は、人それぞれだからである。

原因となった事柄が、今後もずっと続くと解釈するなら、無力感も長く続くことになるだろう。また、原因となった事柄がすべてのことに影響すると考えるなら、無力感もあらゆる状況で顔を出すことになるだろう。無力感を生じさせた原因を自分の内部に求めるなら、自尊心は急落することになるだろう。一方、今回はたまたまそうなっただけで、いつもそうなるわけではないと考えるなら、無力感が続くことも、自尊心が傷つくこともないだろう。このように、人間が自分の体験をどう解釈するかは、その人の価値観、人格、経験などによって違ってくる。その解釈の仕方をセリグマンは「説明スタイル」と名づけ、この説明スタイルの違いが人を楽観的にも悲観的にもするのだと考えた。

八　観察学習の長所と短所

ここまで紹介してきた例は、自分の行動が強化されることで学習が成立するというものだった。だが、人にしても動物にしても、自分が実際に経験したことからしか学習できないとしたら、学習できることの数や種類は限られてしまうだろう。だが、人も動物も他者が強化されている場面を見ることで、どのように行動すれば強化されるか、あるいはどのように行動すると罰を課されるかを学習することもできる。

そのことを示す一つの例が、兄弟・姉妹である。長子と下の子とのはっきりした相違点の一つは、下の子がほとんどの場合、上の子の様子を見聞きして成長するという点である。下の子は、お兄ちゃんやお姉ちゃんの様子を見て、「ああ、壁にお絵かきすると叱られるんだ」とか「ご飯を全部食べると、すごく褒められるんだ」などということを自然に覚えるので、上の子より親に叱られる回数が少なくて済む。その一方、どの程度のことまでなら親に叱られないかも学ぶため、けっこうずる賢くなったりもする。これを「観察学習」と呼ぶ。観察学習するのは人間に限らない。チンパンジーは、人間と同じようにヘビを怖がるのだが、これは子ども時代に、大人たちがヘビを見て恐怖で騒ぐのを見ていて、恐怖心を学習するからだと言われている。

観察学習という概念を提唱したのは、アルバート・バンデューラという心理学者である。彼とその共同研究者たちは、以下のような実験を行って、観察学習を世に紹介した。幼稚園児がお絵かきをしている部屋に、大人（モデル）がやって来る。その大人は、最初おもちゃで遊んでいるのだが、そのうち大きなビニール人形をぶったり、蹴ったり、投げ飛ばしたり、さらには、人形に暴言を吐いたりし始める。この光景を見た後、子どもは他の部屋へ連れて行かれる。そこにはたくさんの面白そうなおもちゃが置かれている。間もなく実験者が部屋に入ってきて「他の子のためにおもちゃを貸して」と頼み、子どもが遊んでいたおもちゃを持って行ってしまう。おもちゃで遊べずに欲求不満状態の子どもは先ほどの部屋に戻されるが、そこには例のビニール人形が置いてある。その部屋で一人にされたとき、その子はどうしただろうか？　なんと性別に関係なく、先ほどのモデルの真似をして、ビニール人形を殴ったり、蹴ったりする子がかなり多数いたのである。少なくともモデルの行動を見ていなかった群の子に比べると、有意にその確率が高かった。しかも、その子どもの暴力行為は、先ほどのモデルの行動とそっくりだったことに加え、その時モデルが言った暴言とまったく同じ言葉を人形に吐きかけていたのであった。

　こうした観察学習のモデルになるのは、必ずしも身近にいる大人や兄弟だけではない。テレビの登場人物は、子どもたちにとって格好のモデルになるだろう。だが、悪を挫くヒーローやヒロインだけが、子どもたちのモデルとは限らない。先ほど紹介したバンデューラの実験もそうだが、子どもたちや青年たちがあまり賢明とは言えない手段で問題解決するモデルを観察し学習してしまう可能性は、今日のように情報過多の時代いくらでも考えられる。特に、子どもにとって最も身近なモデルである親たちは、自分たちがモデルであるということを、もっと真剣に受け止める必要があるのではないだろうか。

第六章

「どさ?」「ゆさ」だけでなぜ通じる?

「どさ?」「ゆさ」という日本語の会話をご存じだろうか? わずか四文字だが、ちゃんと意味のある会話になっている。もっと短い、「け」「く」というのもあるそうだ。世界中探しても、これ以上短い会話はあまりないだろう。ちなみに「どさ?」「ゆさ」は、「どこに行くの?」「お風呂だよ」、「け」「く」は「食べなさい」「食べるよ」という意味だという。いずれも、東北地方（中でも秋田、青森、山形辺り）で使われる方言である。ここまで会話を短縮するのは、寒冷地で冷たい空気が体内に侵入するのを避けようとするためだという自然人類学的な考察もある。

だが、これほど短い言葉で、なぜ会話が成立するのだろうか。第四章で紹介したように、私たちは長期記憶の中に、大量の知識を保存しており、それらを適宜使って生活している。とはいえ、何もかもを記憶の中に保存しておくのでは、いかに容量の大きい記憶の貯蔵庫でも難しいのではないだろうか。

例えば次のようなことを考えてみよう。我が家で飼っているイヌを見て「ウチのイヌのコタロウだ」と認識するのは簡単なことだ。毎日見ているし、さまざまな思い出もあるからだ。しかし、初めて見るイヌも私たちは「イヌ」だと認識できる。イヌは大きさも、毛の長さも、毛色も実にさまざまである。それでも私たちはどんなイヌでも瞬時にイヌと判別できるが、それはなぜなのだろう？　人間だとさほど不思議に感じないかもしれないが、コンピュータの場合を考えてみよう。コンピュータに「イヌ」だと判別させるには、何百万頭分ものイヌの情報を前もってコンピュータに登録し、それと新たな情報とが合致すればイヌだと識別できることになる。指紋認証なども事情は同じで、コンピュータは膨大な数の情報を瞬時に判断できるとはいえ、そもそも指紋情報が事前登録されていないと判断できない。もし、人間も同じなのだとしたら、世界中のイヌの情報を全部、記憶に登録しておかなければ「イヌ」だと認識できないのではないか。

一　典型例の記憶

こんな一見バカバカしい疑問を最初に提示したのは、心理学者ではなく、十九世紀末ごろのヨーロッパの大脳生理学者たちであった。彼らが疑問に思ったのは、動作についてであった。例えば「お辞儀をする」という動作をするには、そのための動作コントロール情報が脳に記憶されていなければならないはずである。十九世紀にはなかったが、ヒト型ロボットにお辞儀をさせる場合を考えてみよう。コンピュータは、お辞儀の動作に関係した部位（頭、腰、足、手）のそれぞれに角度三十度で曲げろとか、腰を曲げながら手をお腹の前で組め……など細かく指示する。ロボットは指示に従って、毎回同じ動きをする。ところが、人間が同じようにお辞儀をする場合、その動作は毎回少しずつ違っている。むしろ、人間にはまったく同じ動作を毎回繰り返すことの方が難しい。当時の生理学者たちは、この少しずつ違う動作は、全部違うものとして別々に記憶されているのだろうと考えていた。しかしそうなると人間は、天文学的な数の動作についての記憶を、脳内に保存しておかなければならなくなるのではないだろうか？

二十世紀初頭に活躍したイギリスの大脳生理学者ヘンリー・ヘッドは、それは不可能で不合理だと考え、別の可能性を提案した。ヘッドいわく、人はお辞儀の動作のバリエーションを全部記憶しておく必要はなく、典型的な動作の型だけを記憶しておけばよいというのである。つまり、脳はお辞儀に必要な「腰を曲げる」「頭を下げる」「手は体側に付けておく、あるいは体の前で両手を合わせておく」という基本の要素だけを命じればよいのであって、腰の曲げ具合や頭の下げ具合などは、その時々に違っても良いのである。そして彼は、こうした記憶しておくべき典型例に「スキーマ」という名前を与えた。

スキーマの概念を援用してみると、冒頭で述べた「イヌの認識」についても説明が可能である。我々は、一度も見たことないイヌでも「イヌ」だと判断できる。これは、人間が世界中のイヌの情報をすべて脳内に登録しているからではなく、イヌの典型例だけを記憶しているためだと考えられる。典型例とは、イヌが共通に持っている、いくつかの「イヌっぽさ」（例えば、吠え方、しっぽを振る、口呼吸で始終舌を出しているなど）のことであり、それにほぼ合致するものを「イヌ」だと判断していると考えられる。

この典型例の考え方を実証したのが、アラン・コリンズとロス・キリアンによる実験である。彼らが例にしたのはトリであった。もし人間が、トリの典型例との近似によってトリかどうかを判断しているのだとしたら、典型例に近いトリほど判断は早いのではないかと彼らは考えたのである。これを実証するために、彼らは、例えば「スズメはトリである」「カンガルーはトリである」「ペンギンはトリである」といった文を実験協力者に見せ、それが真か偽かの判断を求めて、回答するまでの時間を測定した。その結果は、彼らの予想通りであった。つまり、同じくトリについての判断でも、ダチョウやペンギンのような飛ばない鳥についての真偽判断より、空を飛ぶトリについての判断の方が時間が短かった。さらに、同じ飛ぶトリの仲間でも、小型のトリの方が、タカやカラスのような大型のトリより反応までの時間が短かった。このことから、人がトリの典型例としてイメージしやすいのは、小さくて飛ぶことのできる、スズメとかコマドリのような鳥であることも明らかになった。

二　バートレットとスキーマ——伝言ゲームはなぜ失敗するのか

大脳生理学の世界で提唱された典型例（スキーマ）という考え方を心理学の世界に最初に持ち込んだのは、ヘッドの友人でもあった、フレデリック・バートレットだった。

彼が活躍していた二十世紀初頭の記憶実験というのは、第四章で紹介したエビングハウスの影響を受けて、「無意味つづり」と呼ばれる意味のない言葉（例えば「チハ」とか「メホ」など）を記憶し、後でどのくらい思い出せるかを調べることが中心であった。なぜ無意味つづりを使うのかというと、そもそも人によって言葉に対する知識の度合いが異なるため、意味のある言葉だと記憶の研究にならないと考えられていたからである。バートレットは、そんな時代にあって、意味のある情報の記憶に関心を持った。

無意味つづりの記憶の例を、日常生活の中で探してみると、九九、あるいは薬品の名前などがそれに当たるだろう。こうしたものを記憶する時は、その言葉を繰り返し唱えるしかない。第四章で紹介した維持リハーサルを、長々と繰り返すという方法である。それに対して、私たちが記憶しているものには、努力して頭に叩き込んだわけではないにもかかわらず、後で思い出せるものが少なくない。今朝の新聞やテレビのニュースなどはその例である。そこで思い出される内容というのは、大筋は正しいが、言い回しや、内容の順番は覚えた時とはかなり違っているのが普通である。

バートレットは、後で思い出した記憶が、実際に見聞きしたものと、どこがどういうふうに違っているのか、また時間の経過とともにどのように変化していくかに注目した。彼が行った実験の多くは、さまざまな素材（例えば、インクの染み、線画、エッセイの一部、民話、人の顔など）を見たり読んだりしてもらい、十五分後、一週間後、二か月後、半年後などとさまざまな間隔で再生してもらうという方法だった。

もう一つの実験方法は、いわゆる伝言ゲーム方式で再生していくというものであった。例えば、彼が行った実験の中に、エジプトの象形文字で「フクロウ」を表す絵文字を再生してもらうというものがある。象形文字を一人に見せ、記憶・再生してもらう。その再生結果を次の人に記憶してもらい、また再生してもらう。このようにして二十五人に次々と再生してもらうと、最初は鳥の形に似た図形だったものが最後には、なんと黒猫の後ろ姿になって再生されていたのである。

このような場合、具体的にはどのような変形が見られたのだろうか。変化の特徴として列挙されたのは、①なじみのあるものに変わる、②加工される、③単純化される、④図形に名前を付けるなどであった。エジプトの象形文字は、イギリス人にはなじみがなかったため、よりなじみのある形（この場合はネコ）へと変えられていた（①）。また、ネコだとしっぽがないのは不自然だと、元はなかったしっぽを付け加えるという加工が施され（②）、ご丁寧に首にはリボンまで付けられていた。象形文字特有の複数の複雑な曲線は取り除かれて単純化され(3)、その代わり全身が黒く塗られていた。そして、黒猫という別の名前が付けられて(4)記憶されたのである。文章の記憶の場合も、基本的にはこれと同じであった。記憶したものを思い出す時、細部が省略されたり、自分の知っている別のものに置き換わったり、前後が逆になったり、元の結末とは反対になったりする。

記憶内容には、なぜこのような変化が起こってしまったのだろうか? そこでバートレットが着目したのが、先ほど紹介したヘッドによる「スキーマ」の概念であった。私たちが記憶しているのは、実は今見た情報そのものではなく、記憶の中にすでに存在していたスキーマなのではないか。フクロウの象形文字など、記憶の中にスキーマがない場合は、それに少しでも近いスキーマで代用することで記憶に留めておく。そして思い出さなければならない時が来たら、既存のスキーマをもとに、最初に見たものに近そうな記憶を作り上げるが、当然、もとと同じものなど作れるわけがない。伝言ゲームの実験で、もとの象形文字が徐々に変形し、最終的には影も形もなくなってしまったのは、人によってスキーマの内容が少しずつ違うことに加え、代用したスキーマもそれぞれ違うためである。私たちの周りで噂が広まる時の原理も同じである。噂は広まると同時に、その形を大きく変えていく。

三 スクリプト──行動の典型例

バートレットが記憶の研究の材料として使用したのは絵だけでなく、民話やエッセイ、論文などにもおよんだ。こうした文章の記憶の際に採用されたスキーマは、イヌやトリの典型例とは少し違うようにも思える。起承転結のある物語の典型例となると、そこには時間や空間の要素なども必要になってくるからである。

例えば私たちの日常会話について考えてみよう。同僚が朝、職場に疲れた顔でやってきて「夕べちょっと飲みすぎちゃって……」と言ったとすれば、それだけで夕べの彼に何があったか十分理解できる。なぜなら、聞いた側に「飲みすぎた」本人と共通の知識、つまりスキーマがあるからである。あえて覗いてみれば、「昨日の夜、仕事帰りに、友人たちと会社近くの居酒屋へ酒を飲みに行き、その酒の量が自分の許容量を超えるほど大量になったため、今朝は二日酔い状態だ。胃がひっくり返りそうだし、頭はガンガンするし、寝不足で頭が働かないし……」といったところだろう。だが、こんなにくどくどと説明する必要はなく「夕べ飲みすぎた」というだけで、少なくとも酒を飲んだことのある人には理解できる。冒頭の「どさ」「ゆさ」や「け」「く」と同じで、共通のスキーマを持ち合っている者同士なら、難なく理解できる会話の例と言える。つまり、我々が持つスキーマは「イヌ」や「トリ」のような具体物にだけあるのではなく、出来事、状況などにも存在すると考えられる。

さらに、スキーマは言葉だけではなく、行動にもあると考えられる。もし江戸時代の人が現代にタイムスリップしたとしたら、電車に乗ることも、電話をかけることも、歯医者で診てもらうこともできないだろう。彼は、現代人なら当たり前に知っているさまざまな「やり方」を知らないからである。たとえば現代人である私たちは、「歯医者で診てもらう」手順を説明することができる。まず、①歯医者のドアを開ける、②診察券を受付に出す、③待合室で順番が来るのを待つ、④自分の名前が呼ばれたら診察室に入って、診療台に座り、医師が来るのを待つ、といった順番だろうか。もちろん個々の診療所によって、人によって多少の違いはあるが、大体はこんなところである。

こうした行動の典型例は、スキーマの中でも特に「スクリプト」と呼ばれる。そして、これをもとに我々は、個々の場面で状況を理解したり、その場にふさわしい行動をしたりすることができる。

もちろん、こうしたスキーマやスクリプトは生まれつき持っているものではなく、生後の経験の中で徐々に作り上げていくものである。そのため、日本で生まれ育った人のスキーマやスクリプトと、中央アジアのウズベキスタンで生まれ育った人のそれは違っていて当然である。どちらが正しい・間違っているというものでも、どちらが進歩している・劣っているというものでもない。たまたま生まれ育った環境が違うので、当たり前だと思っている内容が違うだけのことである。それにもかかわらず、こうしたスキーマやスクリプトの違いが相手に対する無理解や反感へとつながっていった事例を、人類の歴史は嫌というほど提供している。

四　スキーマが引き起こす思い込み

私たちが「考える」と呼ぶ心的活動の中には、実にさまざまなものが含まれている。推理する、想像する、判断する、決心する、選ぶ、問題を解決する、何かを創造する、夢想する、理解する、興味を持つ……それらはみな、「考える」という行為の一部である。学校で数学の問題を解いている時だけではなく、起きて活動している間、ほとんど常に私たちは何かを考えていると言える。それどころか、睡眠中の夢も「考える」の一部と言えるのかもしれない。

思考の働きによって私たちは、バラバラな認知の破片を、その人なりの、意味のあるまとまりにしていく。だから、私たちが何をどう考えるかによって、幸福感を感じることも、不幸に陥ることもあり得る。心理学では、この思考という心の働きを、「既存の情報を操作して、新しい心的表象を形成する認知過程」と定義している。ここでいう既存の情報とは、私たちが記憶の中に保存している情報、つまりさまざまなスキーマであり、思考はスキーマなしでは成立しないと言える。

もちろん、自分の体験から作り上げたスキーマだけでは知識として不十分な場合も多いので、より正確な概念的知識も思考の材料として使われる。正確な概念的知識は「人工概念」と呼ばれており、ルールとか特性によって正確に定義された概念で、辞書や事典に掲載されているものである。例えば、「三角形」の人工概念は「三本の直線で囲まれた図形で、その内角の和は一八〇度」であり、「鳥」についての人工概念（動物学的定義）なら「くちばしを持つ卵生の脊椎動物」となる。

人工概念に対して、自分の体験などがもとになった概念は「自然概念」と言われる。

我々は通常、人工概念だけを使って考えることはむしろ少なく、自然概念つまりスキーマの方を、より頻繁に用いているようである。この自然概念は少々厳密さには欠けているが、子どもの頃から日常的に接してきたさまざまな体験が下敷きになって形成されているので、言葉だけでなく、視覚像や、それに対する感情など非言語的記憶とも結び付いているだろう。

このことを、ゴードン・バウワーを含む数名のアメリカの心理学者たちは、次のような実験によって示している。まず実験協力者に、特にどうということのない、以下のような文章を読んでもらう。

ナンシーは医者へ行った。受付を済ませて、看護師のところへ行くと、看護師は慣れた手順で、まずナンシーの体重を測った。それから医師が部屋に入ってきて、診察をした。医師はナンシーに「思ったとおりでしたね」と言った。診察が終わると、ナンシーは会計を済ませて病院を出た。

ただし、協力者のうちの半数には、この文章を読む前に、登場人物であるナンシーについて次のような情報も与えておく。

ナンシーは今朝目覚めた時も気分が悪かった。そこで彼女は、もしかしたら本当に妊娠したのではないかと思った。このことを、教授にはどう話したものだろう?

お金のこともまた問題だ。

両群の協力者に、ナンシーが医者に行ったという文章を読み終わった後に、その文章をできるだけ正確に再生してもらった。両群の再生成績を比べてみると、両群とも正しく再生できた文の数自体は違わなかったが、ナンシーについての紹介文を読んでいた協力者たちは、本文中には書かれていない内容を多数付け加えて再生していた。つまり、文章の内容を「ナンシーの妊娠」というスキーマに属するものとして解釈した協力者は、そのスキーマに合わせて、本人も気づかないうちにもとの文章を変えてしまっていたのである。ちなみに、「ナンシーが医者に診てもらった」という文章の内容は、医者に行く時、人がどんな行動を、どんな順番でするかを学生たちに書き出してもらい、多くの人が挙げた項目をつなげて作ったものであった。つまりこれは、一般的な「医者に行くスクリプト」に相当するものであり、ごく一般的な一連の行動に過ぎない。

私たちはスキーマなしでは、記憶することも理解することも、さらに考えることもできないと言える。だが、先ほどから繰り返しているように、スキーマとは、典型例、つまり少なくともそのスキーマをも持つ当人あるいは、その周辺の人たちが共通に持っている知識に過ぎない。そして新たに出会った出来事やものを、既存のスキーマに照らして理解しようとする。だが、新たに入ってきた情報を、既存のスキーマと関連したものとして一旦解釈してしまうと、たとえ、そのスキーマに合わない部分があっても、そこを無視してしまったり、場合によると、スキーマに合うように、記憶の内容を変えてしまっても気づかなかったりする。

スキーマは情報の理解を早めてくれる便利なものではあるが、時には、スキーマが邪魔をして、ものの見方が固定化してしまうこともある。次の状況が正しく理解できるだろうか?

嵐の夜。父親と幼い息子が乗った車が急カーブでスリップし、道路脇の木に激突した。父親は即死だったが、息子は何とか命をとりとめた。病院に搬送された少年は、緊急手術を受けることになった。手術を担当することになった当直の外科医は少年の顔を見るなり、「自分の息子の手術なんてできない！」と叫ぶと、手術室を飛び出した。

この状況の説明としてよくある回答は、即死した少年の父親は養父で、外科医は実父だったというものである。他にも、亡くなったのは父親ではなく、本当は祖父だったのではないかという回答もある。これらの回答から読み取れるのは、「外科医は男性」というスキーマ的な解釈（別の言い方をすれば性役割ステレオタイプ）が働いていることである。こうした固定化した見方がなければ、「外科医は少年の母親」である可能性を考えることができるはずである。

性役割だけでなく、私たちは「外国人はみな英語が話せるはず」、「南は北より暑いはず」、「東京を起点にすると、真西にロンドン、真東にニューヨーク、真南にシドニーがある」などという事実とかけ離れた事柄を、疑うことなく信じ込んでいることが少なくない。自分の持つスキーマを時々疑ってみることは重要である。さらに、スキーマをブラッシュアップするためには、自分の中の情報を常に最新のものに更新する努力が欠かせないだろう。

五　スキーマが判断におよぼす影響

日常的な場面で予測・判断を行う場合にも、私たちは先のスキーマとの照合という方法をしばしば用いているようである。これは客観的に設定された基準ではないため、時に間違った判断につながることも少なくない。こうした経験によって形作られた判断基準については、アメリカの心理学者エイモス・トヴァスキーとダニエル・カーネマンが一九七〇年代から繰り返し指摘している。カーネマンは後にノーベル経済学賞を受賞し、経済学の世界に心理学的な考え方を導入したことで有名になった。彼らが紹介した、人間の独特な判断基準の一例を紹介しよう。

サイコロを連続して五回投げたところ、毎回「一」が出たなどという場面に遭遇したとする。そうすると私たちはなぜか、次は絶対「一」ではないはずと思ってしまう。サイコロで同じ数字が連続して出るなどあり得ないと思っているからである。この現象は「ギャンブラーの錯誤」と呼ばれている。

サイコロやルーレットのような偶然に支配される出来事は、結果が毎回ランダムである。ランダムとは、事象の発生に規則性がなく、予測が不可能な状態のことを言う。「一」が連続して五回も出るのは、一見規則的なように感じてしまう。しかし確率の計算上は、サイコロを投げた時、「一」が出る確率は六分の一、次に「一」が出る確率も同じく六分の一である。「一」が四回続いたからといって、次に「一」が出る確率が低くなることはない。ところがギャンブラーの錯誤というのは、この時の「一」の出現確率が減少するに違いないと予想することである。サイコロを五回投げた時に「五、一、三、四、五」の順に出る確率と「一、一、一、一、一」の順に出る確率とには、確率論上は違いがないにもかかわらずである。なぜこんな錯誤が起こるのかというと、私たちにとってのランダムという現象のスキーマが「バラバラな配列」ということだからである。

他にも、スキーマが生み出す錯誤の例がある。幼い子どもを持つ親たちは時に、子どもが積み木遊びが大好きで、毎日のようにオモチャの家やお城を作っていると、「この子は建築家になるに違いない」などと考えて将来に夢を描いたりする。これは「代表性のヒューリスティック」と呼ばれる。私たちは「建築家は建物を作る人」というスキーマを持っている。そのため、積み木で家を作る子の姿と、本物の建築物を設計する人のイメージを重ねて、「子どもは将来建築家になるだろう」という結論に至る。だが、建築家になるためには、二次元に描かれた図面を三次元の立体空間としてイメージできる能力、何時間も図面を書き続ける粘り強さなど、さまざまな能力が必要になる。そもそも子どもが今積み木に夢中だとしても、半年後も同じく積み木に夢中だという保証はない。そうだとしても親たちは、スキーマに振り回されて、子どもの将来を夢見てしまう。

スキーマとは異なるが、人の行う判断が持つ別の癖も紹介してみよう。「アンカー効果」と呼ばれる現象がある。これもトヴァスキーとカーネマンが紹介したものである。彼らは協力者に「1×2×3×4×5×6×7×8」という計算式の答えを、計算せずに直感で出してもらった。すると、答えの平均は「502」だったという。別のグループには「8×7×6×5×4×3×2×1」という計算式に同じく直感で答えてもらった。こちらのグループの答えの平均は「2250」だった。

正解は「40320」なので、どちらもかなり控えめな数字ではあるが、ここで重要なのは、なぜ1から始まる計算式を見た人の方が、合計の数字を小さく答えがちなのかという点である。これに対してトヴァスキーたちは、最初の数字が小さいと、全部掛け合わせても大した数にはならないだろうと、予測してしまうことが理由だと考えた。この最初の数字を彼らは「アンカー」と呼んだ。アンカーとは、ここでは「支え、拠り所」といった意味であり、私たちはものの大小などの判断をする時、このアンカーを基準に考えやすい。先ほどの計算式では、最初の数字である1と8がアンカーになっていた。

同じく、買い物をする時に、九八〇円を「安い！」と感じてしまう場合にも、アンカーの存在が垣間見える。この場合のアンカーは「千円」だろう。先ほどの計算式のようにアンカーの数字が目に見える形で示されてはいないが、日頃、千円前後の買い物が多いと、それが一つの基準になってしまう。それよりほんの少し安く、四桁でなく三桁の数字の値段は、実際以上に安く感じてしまうのである。

第七章

感情は思考を邪魔するか?

私たちは、感情は理性的な思考を邪魔するものだと見なしがちである。そのもとになっている主張は、古代ギリシアの哲学者プラトンにまで遡る。彼は感情が理性とは相容れない、原始的で動物的な特性であると考えた最初の哲学者である。その後も、感情が合理的思考を邪魔するものであると考える思想家は多く、デカルト、パスカルをはじめ、かのフロイトも同様の立場を取っている。なかには、人類が暴力的で感情的な反応をコントロールできないのは、中枢神経系の進化の致命的欠陥であるといった極論を述べた、アーサー・ケストラーのような作家もいた。もちろん、感情を敵視していたのは西洋の思想家だけではなく、儒教もまた感情に左右されることを嫌っている。儒教の世界における、いわゆる「有徳の士」や「君子」の要件の一つは、自分の感情を完璧に制御できることであった。

確かに、恐怖、不安、憎しみなどの悪感情は、高じると暴力や殺戮を容認することにつながりかねない。こうした感情の高まりは、人間が悪感情に支配されると平和を損なうという、儒教の指摘どおりである。さらに、嫌味を言われただけでキレてしまい、殺人を犯した人や、恋に敗れてうつ状態になり、仕事もできなくなった人などを見ると、先述の思想家たちの考えも理解できる気がする。

一方、芸術家（とくにロマン主義の芸術家）にとって、感情はなくてはならないものである。「柔肌の　熱き血潮に　触れもみで　寂しからずや　道を説く君」という与謝野晶子の有名な短歌は、理性を感情より重んじる人士たちに対する痛烈な一撃とも読める。このように、文学、絵画、音楽などの芸術は、感情あるいは感性を尊重してきたと言えるだろう。そして芸術家でなくとも私たちは、日々の生活の中で笑い、怒り、それだけでは不足だとばかりに、小説を読み、映画やＤＶＤを見ては、さまざまな感情をわざわざ擬似体験する。ドナルド・ヘッブという心理学者の、地球上の生物の中で、人類ほど感情的な動物はいないという指摘もうなずける。

一方感情には、人類を含む動物にとって、その生存を左右する重要な役割があるとも言われている。例えば、私たちが戸締りをしたり、保険に加入したりするのは、危機的な事態に対する不安や恐怖の気持ちがあるためで、そうした感情があったからこそ、人類は生存し続けてこれたのだという。また、親が子どもに対して抱く愛情も、子孫を生み育て、種としての永続を成り立たせるために一役買っている。動物の場合の献身的行動は「本能のなせるわざ」と解釈することもできるが、少なくとも人間の親が子どもに対して持つ、愛情という感情は否定しようもないだろう。このように、恐怖心や不安感、あるいは子に対する強い愛情は、より高い安全性や、食料の永続的確保を求める欲求につながった。その一方で、そうした欲求を達成するための工夫は、感情というよりは理性的な思考の産物である。その意味では、感情と理性とが完全に相反するものだとも言えない。

一　感情の共通性

進化論で有名なチャールズ・ダーウィンは、動物だけでなく人間にも深い関心を寄せ、自分の子どもたちの育児日誌を丹念に付けて、子どもの発達についての考察を行っている。また彼は、人間を含む高等動物にはなぜ感情が必要なのかという疑問を持った。心理学が感情についての研究を本格的に始めたのは二十世紀後半になってからだが、ダーウィンはそれより百年以上も前に、感情について優れた考察を行っていたことになる。

ダーウィンは、人間を含む動物（特に集団生活をする動物）にとって、感情は、言葉以外のコミュニケーション手段だったのではないかと考えた。例えば、危険が迫っていること、相手に対する服従の意思があることを伝える最も簡単な方法は、態度や声によって自分の感情を表現することである。

加えて、そうした感情が種を越えて共通しているのではないかとまで、ダーウィンは予測した。そのことを示す例として、彼は、恐怖と怒りの表情が人とチンパンジーと狼とで類似していることを指摘している。確かに、ペット愛好家は、自分の愛犬や愛猫と「心が通じ合った」体験をしばしば語るが、人と動物の感情の共通性を物語るエピソードは多い。しかし、未だ感情についての研究が今日ほど進んでいなかった一九七〇年代以前の心理学では、ダーウィンの説は受け入れられなかった。当時の社会心理学では、文化による感情表現の「違い」の方に注目が集まっていたため、人類同士でさえ感情に違いがあるというのに、人類と動物の間に共通性があるわけがないと、ダーウィンの指摘を退けていたのである。

風向きが変わったのは一九八〇年代になってからである。心理学者のポール・エクマンとキャロル・イザードが、それぞれ独自の研究グループを伴って、世界各地に出向いて調査を行った。具体的には、さまざまな表情の顔写真を見せ、その表情がどんな感情を表していると思うか推測してもらったり、ある特定の状況（例　子どもが亡くなった）を示して、その時の表情を作ってもらったりした。この時に用いられたのは、嫌悪、怒り、恐怖、幸福、悲しみ、驚きの六つの表情である。その結果、これらの表情は、世界のどの地域でもほぼ一致していた。また、生まれてから一度も人の顔を見たことのない先天性の視力障碍児も感情に伴って、晴眼の子どもと共通した表情を自発的に示した。このような研究によって、少なくとも人間同士では、感情およびその表現手段は文化を越えて共通しているのではないかと考えられるようになっていったのである。

ただし、感情そのものは文化を越えて人類共通であり、それを示す表情も共通しているとしても、その表現法は文化によって違っているだろう。喜びや悲しみを大げさなほどに表現することを好む文化がある一方、我々日本人はどちらかというと、感情は控えめに表現することの方を好む傾向があるようである。

また、人間には非常に多種多様な感情がある。ちなみに辞書で感情に関わる単語を調べてみると、五百前後の言葉が見つかる。例えば日本語の「悲しい」の類語として思いつくのは「哀しい」「切ない」「やり切れない」「嘆かわしい」「やるせない」「沈痛な」「うら寂しい」などである。一方、生まれて間もない乳児にも、同じ数の感情があるかと言えば、そうではない。生後間もない乳児に区別できるのは恐らく「快―不快」の感情だけだろう。その後の成長の過程で、だんだんと感情は多様化していくのだと考えられる。だから、生まれ育った文化が違えば、こうした多様な感情の枝分かれの仕方も違っているとしても、不思議ではないだろう。

一方、大本になっている感情（基本的感情）に関しては、複数の研究者が大体七、八種類ぐらいだろうと指摘している。例えば、先ほど紹介したポール・エクマンは、基本の七つの感情を区別している。それらは、怒り、嫌悪、恐怖、幸福感、悲しみ、満足、驚きである。ロバート・プルチックという心理学者は怒り、嫌悪、恐れ、喜び、悲しみ、受容、驚き、期待という八つの感情を識別している。両者には共通項が多いが、エクマンが文化を越えて共通性が高いと指摘したのは、こうした基本的感情のことであった。基本的感情に関してなら、人類間だけでなく、身近にいる動物たちとも共通していたとしても、さして驚くにあたらないのかもしれない。つまりダーウィンが主張した人類と動物との感情の共通性は、基本的感情についてであり、一九七〇年代の社会心理学者たちが主張していたのは、感情の表現法や、基本的感情から枝分かれした、より些細な感情の違いのことだったのだと言えるだろう。

二　表情の効果

感情を周囲に伝達する上で、重要な働きをしているのが表情である。しかし表情は、感情を増幅したり、調節したりする働きもあるようだ。例えば、実験協力者に、誰かが電気ショックを受けている場面を見せる。このとき、半数の人には、あえて痛そうな表情をするように指示した。すると、無表情で見ていた人たちに比べて、汗をかき、心拍が早まったという。つまり、相手と同じ表情をすることで、相手と同じ感情状態を経験する（共感する）ようなのである。

このような共感能力に男女による違いがあるのかどうかを調べた研究がある。他者が悲しんでいる場面を見た時、心拍数のような、生理学的指標からは性差が見出されなかったのだが、女性は男性より表情に表すことが多かったという。つまり、男女大学生に短い映像（両親と死に別れた子どもの映像、ドタバタ劇、高いビルから今にも落ちそうになっている人の映像）を見せ、それを見ている時の彼らの行動を観察した。すると、女性は男性よりも、どの映像でも自分の感情を、顔の表情として表出していたのである。生理学的な共感能力には男女差がないとしても、女性は相手の感情を自ら顔の表情として表出することで、相手に共感しやすいということなのだろう。

同様に、実験協力者たちに悲惨な場面の映像を見せた。その時、半数の協力者には、映画を見ている間、一切表情に表してはいけないと指示した。その後、映画の詳細について記憶テストを行ったところ、普通に見ていた人たちに比べて、表情を控えるように指示された人たちの成績は劣っていたという。つまり、表情を伴って映画の出来事に一喜一憂していた人の方が、登場人物の感情状態により強く共感していた。その結果、出来事をより深く体験し、よりよく記憶していたようである。

三　感情と思考の結び付き

さて、「感情は思考の邪魔をするか？」という問いに話を戻そう。今日の心理学では、感情と思考は別々に存在するものではないと考えられており、むしろ私たちが考えることや行うことのすべてに、感情がさまざまな形で影響していると考えられている。だから感情は、その場の状況に応じて思考・反応するための助けになる場合もあれば、それらを損なう場合もある。

ごく日常的な場面で、例を探してみよう。私たちはさまざまな場面で選択をしているが、感情の助けなしにそれを行うのは難しいかもしれない。そのことは、脳の前頭葉にある感情を司る部分だけが損傷している患者の症例を見ても明らかである。彼らは知的能力が無傷であっても、日常的に行う選択や決断が難しくなってしまうのだという。例えば、今度の週末に海と山どちらに行こうかという場面でさえ、もし感情がなければ上手く選択を行うことができない。なぜなら、私たちがそうした選択をしようとする時、海に行ったときの解放感と、山に行ったときの爽快感を思い浮かべ、どちらの感情が自分にとってより望ましいかを考えてから選択していることが多いためである。

ただし、こうした感情の予測は、頻繁に行っているにもかかわらず、間違っていることも少なくない。例えば、「〇〇を買ってハワイ旅行を当てよう」という宣伝は、ハワイでの日々がどれほど幸福感をもたらすかを強調し、商品の購買を働きかける。

この広告に踊らされると、ハワイでの楽しさだけを想像してしまい、旅行に必要な付加的出費や仕事の調整、家に帰ってきた時の疲労感といった現実的な問題と、その時感じるはずの否定的な感情は想定されない。その結果、予想していた幸福感は、思いのほか少なく、また長続きしないことになる。宣伝文句から予想される幸福感については、懐疑的に眺める必要があるだろう。

同様のことは、否定的な出来事についても言える。例えば、失業や離婚は、辛く衝撃的な出来事だと予想される。しかし、体に免疫システムがあるように、心にも一種の心理学的免疫システムがあり、現状の問題に対処するために働く。その結果、実際には、そうした辛い出来事に対する感情反応は、人が予想しているよりずっと小さく、また持続時間も短いということが、多くの研究で確認されている。それにもかかわらず私たちは、不幸な出来事を想像すると、こうした心理学的免疫システムの存在を過小評価してしまい、自分の人生はそこで終わってしまうに違いないと予想する。

四　思考は気分に左右される？

ここまで例を挙げてきたように、「感情」は確かに人間の思考に影響を与える。こうした感情には種類と共に強度があり、同じ悲しみでも「身も世もない」ほどの強烈な悲しみから、なんとなく心が沈んでいる状態までいろいろである。そして強度の強いものを感情と呼ぶのに対して、軽いものを気分と呼んで区別できるだろう。こうした気分は、日々の生活をちょっと楽しくしたり、反対に少し沈んだ気持ちにさせたりする。

アメリカの心理学者ゴードン・バウワーは、幸福な気分だと、記憶の中から肯定的な思い出ばかりを引き出しやすい傾向があり、悲観的な気分の時にはその逆の傾向があることを、実験的に示した。

私たちは、自分の中に渦巻く強い感情には注目しがちだが、その時々の気分には気づかない場合も少なくない。バウワーが実験で注目したのは、このように自分自身も意識しないような、ちょっとした気分の違いであった。実験でこのような微細な気分の違いを作り出すためには、前に紹介した、映画（短編映画で充分である）を見てもらうという方法が有効である。また、短い物語を読むのも、同じような効果が期待できる。このようにして気分を誘導した後でさまざまな実験を行ってみると、気分の違いによって結果が異なってくるという研究データが数多くある。

こうした気分の効果を示した研究は、実は一九三〇年代にすでに行われていた。この時は、嫌なにおいを嗅がされたグループと、無料のランチを振舞われて良い気分になっているグループに分け、両者に同じ事柄について意見を述べてもらうという方法を取り、良い気分のグループに比べて、気分の良くないグループは否定的な意見を述べる割合が高いという傾向を確認している。

自分自身についての評価もまた、その時の気分に影響されるようである。例えば、本人とその友人あるいは恋人が話をしている場面を録画し、その映像を本人に見せて、自分たちの行動を評価してもらった。これまでと同じように、直前に気分を誘導しておくと、肯定的気分の人は、否定的気分の人に比べ、ビデオに映った自分と相手の行動について、肯定的な反応を多く示したことに加え、否定的な指摘が少なかった。確かに私たちは「自分もなかなか捨てたもんじゃない」と感じる日があるかと思えば、「どうせ自分なんて大した人間じゃない」と感じる日もある。良い気分の時なら、誰かの笑顔を見て、友好的なものと感じるのに、否定的気分の時なら、不愉快でわざとらしい笑いだと判断してしまうこともある。ほんのわずかな気分の違いで、私たちの判断は思いの外、違ってしまう。

また、気分の違いは判断だけではなく、対人的な態度にも影響を与える。大学生たちの気分を誘導した後、彼らに見知らぬ人から突然小さな依頼がある。その時の彼らの態度を、第三者に評価してもらう。すると肯定的な気分の学生は、相手に対してより友好的な振舞いをした。表情やジェスチャーも多く、自分自身のことをいろいろ話すなど、見知らぬ相手と上手くコミュニケーションを取っていた。これに対して、否定的気分の学生たちは相手に対して素っ気ないやり取りに終始していた。

五　気分による思考の客観性の度合い

気分が、対人的な態度や自己評価に影響を与える例を紹介したが、気分によって思考の客観性の度合いが異なることを示す研究もある。例によって、大学生たちを幸福な気分のグループと、悲しい気分のグループとに分ける。そして、両群の実験協力者たちに、ある事柄（授業料の値上げなど、協力者たちにも関心のあるテーマ）について賛成・反対を表明した文章を読んでもらう。ただし、その文章は、執筆者自身の意見である場合と、賛成あるいは反対の立場で書くように指示されて書いた場合とがあると、最初に伝えられていた。読後に、その文章が執筆者自身の意見なのか、指示されて書いたものなのかを推測してもらったところ、幸福な気分のグループは、どの文章も執筆者本人の意見であると判断し、指示されて書いたかもしれないという可能性を無視しがちであった。一方、悲しい気分のグループは、それぞれの文章をより精査しようとしていた。つまり、否定的な気分の時の方が、冷静で客観的な判断ができるらしいのである。

上記の実験は、「根本的帰属の錯誤」と呼ばれる社会心理学の概念を、気分との関係から調べたものである。「根本的帰属の錯誤」というのは、日常的な例で言えば、座る必要があるとは思えない人が、電車の優先席に堂々と座っているのを見ると、「無神経な人」、「図々しい人」などと感じてしまう。実はまだお腹の目立たない妊婦さんかもしれないし、風邪で熱のある人かもしれないにもかかわらずである。他者のそうした振舞いを見ると、つい私たちは、その人がもともと「図々しい、無神経な」特性を持っていると判断しがちである。

人が何か行動をする時には、自分の性格や意思といった「自分自身の持つ特性（内的理由）」のせいである場合と、「何らかの都合（外的理由）」でそのように行動せざるを得なかった場合と両方が考えられる。ところが、私たちは自分以外の人間の行動を、（それが非常識な行動だと特に）その人の内的理由で生じたものだと判断してしまうことが多い。反対に、自分が同じような行動を取る場合には、外的理由があるから仕方ないのだと考えたがる。他者の行動を、その人の特性（内的理由）のせいだと判断してしまう傾向を「根本的帰属の錯誤」と呼ぶ。先ほどの研究で示されたのは、良い気分だと根本的帰属の錯誤が働きやすくなり、否定的気分だとその反対の結果になるということである。

同様の効果が見出されているのは、根本的帰属の錯誤の場合だけではない。私たちは意図せず、事故や事件の目撃者になってしまう場合がある。そんな時の記憶は曖昧になりやすい。それもあって、第四章でも少し紹介したように、質問のされ方によっては記憶の内容に違いが生じてしまったり、もともとは記憶になかった内容を、新しく作り出してしまうことさえ起こる。こうした誤った記憶を誘導する情報は「誤導情報」と呼ばれる。こうした誤導情報に惑わされやすかったのは肯定的気分の人であった。

つまり、肯定的気分は、自分の既有知識をもとに世界を理解しようとする傾向を助長しやすい。その反対に、否定的気分は、外界の情報に注意を向かわせ、それをもとに理解・判断する傾向を生みやすいと考えられる。

なぜそんな相違が生じるのだろうか。これについては、ダーウィンの主張を用いて解釈できるだろう。感情は、自分が今直面している状況（危機的状況など）に適切に応答するための、一種の信号として働くよう進化しているのだとダーウィンは言う。つまり、否定的感情あるいは気分というのは、言わば警報のようなものである。こうした否定的気分は、環境が潜在的に危険なものであること、外的情報に常に注意を払っておく必要があることを伝える。だから、外部からのメッセージを素直に信じず、情報の内容を吟味した上で、信用できるかどうかの判断を下す。否定的気分は、私たちに物事をより正確に、詳細に見るよう促す役割を果たしていると言えるのかもしれない。

一方、良い気分は、自分の周囲の環境が無害なものであることを示すものである。そこでは警戒は必要なく、自分の持つ知識などに頼ってよいのだと伝えてくる。その結果、肯定的気分の人たちは、何かのメッセージを受け取っても、その情報を疑うことなく信用してしまいやすい。「好事魔多し」ということわざがある。一般的には、良いことがあると、思いがけない邪魔が入ることがあるといった意味である。だが、これまで見てきた心理学的見解からは、良い気分のときは判断が甘くなりやすく、その結果、手酷いしっぺ返しを食らう恐れがあるといった意味にも取れる。

とはいえ、否定的気分の時に必ず適切な判断ができるわけではないこともまた事実である。強い抑うつ的感情は、思考を歪ませる。極端なストレスや不安によって、否定的感情と否定的思考とが必要以上に大きくなってしまうと、現実的とは言えないほどの否定的な結果を想像してしまうことがある。「悲観化」と呼ばれるこの種の思考の歪みは、「もし今回の契約がダメになったら、もう二度と成功のチャンスはない」とか「彼女なしでは、一週間と生きていられない」といった思考をもたらす。

こうした否定的な精神状態の際にしばしば見られる、もう一つの誤った思考パターンに「過度の一般化」がある。例えば、彼女にふられた若者が「彼女は僕を愛していない」という現実を「誰も僕を愛してくれない」と一般化して考える場合がこれにあたる。悲しい、苦しい経験をして抑うつ的な気分になっている時は、自分の気分の状態に気づき、否定的感情のサイクルを打破しようとする意識的な努力が欠かせない。同じような状況に陥った人がどう対応しているか調べてみたり、否定的観念を持ち続けることが自分に利をもたらすのか、自問してみるのもよいかもしれない。

これまで述べてきたように、感情は私たちの思考や認知に大きな影響を持っているようだ。しかし、そうした自分の感情に自覚的で、感情に流されてしまわない人と、そもそも自分の感情に無自覚な人とがいる。

中には自分の感情に極端に無感覚な人がいるが、精神医学ではこうした症状に「失感情症」という病名を付けている。失感情症の人は、自分が今感じている感情を特定することができない。例えば、怒りの感情によって生じる身体感覚（胃のあたりの不快感、体のほてりなど）と、単に身体の不調によって感じる同様の感覚とが区別できなかったり、他者に自分の感情を伝えることができなかったりといった特徴がある。こうした患者たちにも感情がないというわけではない。彼らも自発的に「悲しい」「緊張する」あるいは「怖い」といった言葉を使うが、そのような感情がどのようなものか、実際に言葉として表現することができない。健康な人なら、「悲しい」がどういう感覚かわかるので、それを言葉で表現することもできる。だが、失感情症患者には、人が悲しんでいるということはわかっても、悲しいというのがどういう状態なのか、体験的に知ることができない。

また、失感情症という診断が下るほどではなくても、自分の感情を理解することが苦手な人もいる。人間は誰しも、さまざまなストレスを抱えることがある。こうしたストレスにどれだけ上手く対処できるかは、自分の感情にどれだけ気づくことができるかと大きく関係していると考えられる。自分の感情に敏感な人は、ストレスによる感情反応を上手く抑制し、バランスを取ることができるため、ストレスの否定的影響から自分を保護できる。また、自分の辛い思いを家族や親密な友人に話すことで、その辛さを軽減したり、新たな対応策を見つけたりできる。一方、自分の感情がわかりずらい人は、感情に圧倒されてしまい、不健康な仕方で行動に表してしまったり、心的あるいは身体的に病気になってしまう場合も多い。当然ながら彼らには、他者と感情的に緊密になったり、感情を共有することも難しい。

失感情症傾向は、心の病へとつながる危険性が高いという指摘もなされている。例えば、薬物あるいはアルコールの依存症者は、自分自身の感情をよく理解しておらず、他者の感情に共感することもできないという観察が、複数の臨床家によって報告されている。漠然とした不快感や緊張の理由がわからない時、それを緩和するために薬物を手にしてしまうのかもしれない。また、パニック障害やPTSDなどのパニック発作を起こしやすいことも指摘されている。こうしたパニック発作を、分化されていない感情の洪水を収めることができずに、深刻な自律神経障害として表現されたものと見なしている研究者もある。

摂食障害の患者もまた、自分の感情に混乱し、自らの感情を記述することができないことが観察されている。飢餓、過食、嘔吐、多動といった摂食障害の症状のいくつかも、自分の抱える苦悩や、自分でもよくわからない感情を調整しようとする試みなのだと指摘する臨床家も少なくない。摂食障害を持つ人はしばしば薬物耽溺、乱交、万引きなども起こすが、それも感情に対処しようとする防衛的戦術の一環だという。

こうしてみると、感情というのは、生活にちょっとした色づけをするための脇役どころではなく、私たちの心の根幹を形成している重要な存在であると考えられるだろう。

第八章

ＩＱが高いと頭が良い？

「あの人、ＩＱ１５０なんだって」と聞くと、どんな人物を想像するだろうか？　いかにも「切れ者」という感じで、実際、社会的にも成功している人？　それとも、学生時代の成績はよかったが、付き合い難い変わり者だろうか？　クイズ番組で優勝する人はＩＱが高そうだし、きっと「頭が良い」に違いないと私たちは考える。メンサという、ＩＱの高い人だけが会員になれる世界的なクラブもある。メンサの会員になれるのは、それぞれの国の知能上位二パーセントの人たちだけで、だいたいＩＱ１３２以上が必要なのだそうだ。ＩＱ１５０の人なら、余裕で会員になれるだろう。

ところで、身長一八〇センチメートルというのと、ＩＱ１５０というのでは何が違うのだろうか？　身長はその人の明確な特徴を伝える情報であり、一八〇センチメートルならば、日本人としては「ノッポ」な方で、背の高い外国人と肩を並べるほどだという具体的なことを教えてくれる。一方、ＩＱ１５０という数値は、その人の特徴について多くを教えてはくれない。その数値で唯一示されているのは、その人が知能テストを受けたら、ＩＱ１５０に相当する成績だったということだけである。しかし、数字というのは一人歩きしてしまうものなので、「ＩＱ１５０」と聞いただけで我々は、その人物について一定のイメージを作り上げてしまう。

そもそも「頭が良い」とはどういうことなのだろうか？　頭が良いということが、知能が高いということと同義だとすると、その「知能」とは何だろうか？　知能については、心理学者による統一見解が示されている。それによると、知能とは「複雑な考えを理解し、それを環境に上手く適用し、経験から学び、さまざまな形の推理を行い、思考することで障害を克服できる能力」のことだという。知能が高いことをＩＱが高いことと同義として、この定義を適用するなら、ＩＱの高い人は常に「賢い行動」をすることになる。しかし、そうではないことを示す事例は多い。例えば、一時期人々の大きな関心を集めたオウム真理教事件では、犯罪の容疑者の多くが、いわゆる「ＩＱの高い」人、有名大学卒の優秀な人々であった。中でもオウム真理教幹部だった故村井秀夫は、IQ180だったとも言われている。しかし、IQの高い彼らが行った行為は、どう弁解しようと賢明ではなかった。そもそも彼らは、我々の社会では、他者の命を奪ったり、心身に害を加えれば、犯罪者として逮捕され、自分たちが信奉する教団そのものも犯罪者集団と見なされるという見通しを持っていなかった。それどころか、自分たちは特別な存在で、信者以外の人間を殺すことは罪ではないとも考えていたようである。こうした発想の非現実性を認識できなかったという意味でも、先ほどの知能の定義に合わないことになる。

一 知能テストの歴史

さて、知能という言葉や知能テストは、どんな経緯でいつ誕生したのだろう。知能テストが誕生したのは、一九〇五年であった。世界で最初に知能テストの開発に成功したのは、フランス人心理学者のアルフレッド・ビネとその弟子のテオドール・シモンの二人だった。彼らがこうしたテストの開発に着手したのは、学校全入が始まって間がなかった時期に、通常のカリキュラムでは教育成果の上がらない子どもに、特別な教育を施す必要性が指摘されるようになってきたからであった。当時、こうしたテスト開発に着手したのはビネたちだけではなく多くの研究者グループが同じ課題に挑んだが、なかなか成功しなかった。その中でビネたちの方法が、最も成功したということである。学校の授業についていけない子はどこの学校にも必ずいるし、その数は決して少なくない。当時の学校では、教師も親たちも、そういう子どもは、怠けているからわからないのだと決めつけて、ともかく机の前に座らせれば何とかなると考えてきた。しかし、中にはどうしても学校の勉強が理解できない子もいる。ビネたちに課せられた課題は、そうした子を早期に見つけ出すためのテストを開発することだった。

ビネたちは、このテストを開発するにあたって次の前提から出発した。すなわち、知的発達が辿る道筋は、どの子どもも同じなのだが、その発達に早い遅いがあるということである。平均的な七歳児であれば、標準的には知的発達も七歳児レベルである。しかし中には、知的発達のレベルが七歳に達していない子もいる。こうした子どもに七歳児向けの教育を行なっても、教育効果を上げることは困難なのだと考えたのである。

そこでビネらは、それぞれの暦年齢の子どもの大半が解答できるような課題を多数集めた。例えば、ひし形の図形を見せて実際に描いてもらうといったような課題である。彼らは、このような年齢相当の問題を子どもに与えて、何歳の問題まで回答できたかによって、知的発達のレベルを診断するようにしたのである。そしてビネは、知的発達の程度を示す指標を「精神年齢」と名づけた。この指標によって、小学校入学年齢である満六歳の子どものうち、精神年齢が六歳よりも相当低い場合は、特別な教育を施す必要があるという診断が下せるようにしたのである。しかし先ほど述べたように、あくまでビネたちの目的は、何らかの理由で知能発達が遅れがちな子どもを早期に発見し、特別な教育を受けさせて発達を促すことにあった。このテストが頭の良し悪しを判断する道具として使われることは、彼らにとって想定外であったと言える。

ビネらの精神年齢をもとに、おなじみのＩＱ（知能指数）という指標を作り出したのは、ウィルヘルム・シュテルンというドイツの心理学者であった。ＩＱでは、一〇〇という数値を基準としているが、これは暦年齢と精神年齢とが一致している状態をさす。つまりＩＱとは、精神年齢を暦年齢で割って百倍したものなのである。このように割り出すと、全人口の約三分の二が、ＩＱ８５から１１５の範囲に収まる。ＩＱ１５０とは、暦年齢を七歳とすると、精神年齢が一〇・五歳ということになる。

小学校一年生が、小学校四、五年生向けの問題を解いたら、確かに「天才か？」とざわめかれるだろう。

しかし、すでにお気づきかもしれないが、子どもなら暦年齢の上昇に伴って精神年齢も発達するという考え方が妥当だとしても、成人の場合、この仮定は非常におかしなことになる。年をとるほど精神年齢が高くなるということになるのだから。精神年齢の発達はずっと続くわけではなく、成人になると暦年齢と精神年齢との関係はなくなってしまう。そこで現在では、特に成人の場合ＩＱの代わりに「知能偏差値」という指標を用いる方が一般的である。知能偏差値は、同年齢の人々に同じ知能テストを実施した時の平均得点と比較して、どの程度の位置にあるかを示すものである。

このＩＱという言葉を世界中に普及させ、ＩＱが高いことはすごいことだというイメージを広く植えつけたのは、アメリカの心理学者ルイス・ターマンであった。ビネとシモンの知能テスト開発から約一〇年後の一九一六年、ターマンはビネ式テストの項目を一部作り替えて新しいテスト（スタンフォード・ビネ知能テスト）を作成し、対象年齢を成人にまで拡張した。

ビネは、知能を生まれつきの特性だとは考えていなかったが、ターマンは、人には生まれつき能力差があり、能力に応じて、受けるべき教育の程度や将来の職業を決めるべきだと考えた。つまり、高度な教育や、高い社会的地位はＩＱの高い者にのみ与えられるべきだと考えたのである。

ターマンの発想は、当時の社会で認められていた、いわゆる優生学に同調するものであった。優生学というのは、人間の傾向を測定して、その結果に基づき生殖を促したり押しとどめたりしようとする、二十世紀前半まであった考え方である。この優生学的発想は、アメリカだけでなく、日本にもあった。さらにその流れを加速させたのは、一九四八年に成立した優生保護法である。驚くべきことに、この法律によって知的障害、精神障害、さらにハンセン病の人の生殖能力を奪う手術が実際に実施されてきた。優生保護法が廃止されたのは一九九六年のことであり、その犠牲者たちが違法性を訴える裁判を起こしたのも比較的最近の出来事である。今日の私たちの社会にも、その影はまだ消え去っていないと言える。

ターマンは、知能テストを利用することで、「頭の悪い人間が生まれてしまうのを阻止すれば、大多数の犯罪や、貧困や工業生産の非効率をなくすことができる」という夢を描き、実際に著作の中にもそう書いた。当時のアメリカは、ヨーロッパを中心に世界中から大量の移民が押し寄せていて、政府はターマンの主張を受け入れて、新たにやって来る移民たちに知能テストを課すようになった。知能テストで測られる能力は、その人の受けてきた学校教育を多分に反映してしまうものであったため、どうしてもアングロサクソン系の人々に有利にできていた。ところが、その結果は非アングロサクソン系民族の知的劣等性を示すものであると解釈され、一九二四年の「移民法」を成立させることになる文化的風潮を作り出す追い風にもなった。移民法とは、南および東ヨーロッパからの移民の数を、北および西ヨーロッパからの移民の五分の一にしようとするものである。こうして、知的発達に遅れが生じている子にできるだけ早く特別な教育を受けさせたい、というビネの希望から始まったはずの知能テスト研究は、一定のイデオロギーと結び付き、人種差別の道具として利用される結果になってしまったのである。ＩＱはもともと何を示しているのかが曖昧な数値であるばかりか、こうした負の歴史までも背負っていたのである。

さて、ＩＱあるいは従来の知能テストで測定される知的能力は、学業成績に非常に近いものである。しかし、学校の勉強は苦手でも、絵を描いたら誰にも負けない子や、勉強嫌いの問題児だったのに起業家として大成功した人は我々の周りに確かにいる。

こうした事例をみると、ＩＱが示すのは、能力の一部に過ぎないのではないかと思えてくる。実際、今日の心理学には、ＩＱ以外の知的能力を提案する研究が複数ある。

二　スタンバーグの知能論

ロバート・スタンバーグはＩＱを含めて四種類の知能を提案している。

①分析的知能

ＩＱと同じ意味での知的能力を、スタンバーグは「分析的知能」と名づけた。これは多くの場合、その人の学業成績とも近い関係にある。この知能が高いと教師の教えることが早く正確に理解でき、テストで教師の出題した問題に早く正確に解答できる。学業成績や分析的知能を測定するテストでは、正解は必ず一つである。しかも、正解を導き出すために必要な情報はすべて揃っていなければならない。こうしたテストで良い成績を取れることが、分析的知能が優れているということであり、ＩＱが高いということでもある。

②実践知能

知能テストは、その子の学業成績を予測させるものではあるが、将来の職業的成功までも予測できるものではない。なぜなら社会生活上、あるいは職業上生じるさまざまな問題は、学校のテスト問題と違って正解が一つとは限らないし、答えを導くために必要な情報は、自ら探したり、推測したりしなければならないのが普通だからである。それどころか、問題そのものを見つけ出さなければならない場合も少なくない。どんな製品があれば、人々の購買意欲を刺激できるか、どんな世の中だったら皆が幸せに暮らせるのかといった問いに答えるためには、当然ながら、たくさんの数学の公式を知っていても無意味である。つまり分析的知能が優れているからと言って、こうした実際的な場面で、良い解答ができるとは限らない。スタンバーグは、こうした日常場面での問題に対処する能力を「実践知能」と呼び、分析的知能とは別物であると考えた。実践知能に優れている人を学校の成績で識別することはできない。例えば、経営者としての成功は、学業成績にはあまり関係がなく、それよりは他者と上手くコミュニケーションが取れる力とか、的確に仕事の優先順位を付けられる能力などの方が重要である。スタンバーグによると、成功した経営者たちの多くは、大学での成績ははぼ平均点なみだったそうである。

③創造性

先ほど紹介した知能研究者のターマンは、カリフォルニアに住むＩＱ１３５以上の小学生たちを多数集めて、その子どもたちが将来どういう大人になっていったかを追跡調査した。多くの男の子たちは、大人になって医師、法律家、会社経営者、大学教授あるいは作家などになり、社会的に活躍する人物となった（時代の影響で、能力的には優れていながら、女性たちには社会で活躍する場がほとんど与えられておらず、男性たちのような華々しい成果を残した女性はいなかった）。ただし、それらの男性たちの中からも、ノーベル賞受賞者は一人も出なかった。

その時期のカリフォルニアにたまたまノーベル賞を獲得するような英才がいなかったのかというと、そうではなかった。この時のターマンの調査対象選抜方法は、まず教師から推薦のあった子どもを候補とした上で、知能テストを行い最終的な対象児を決定していた。その中には一旦は候補に挙がりながら、知能テスト得点が不足したために対象にならなかった、将来のノーベル賞受賞者がいた。ノーベル賞は、平和賞以外、学問分野の業績に与えられる賞のため、ＩＱの高さは必須要件のようにも思える。確かに、先ほどの調査対象に挙がった将来のノーベル賞受賞者のＩＱがそれなりの程度であったことは間違いないが、飛び抜けていたわけでもなかったようだ。

こうしてみると、ノーベル賞級の研究成果を挙げるためには、ＩＱで測ることのできるような分析的知能だけでは十分ではないことがわかるだろう。むしろ、これまで誰も考えたことのない新しい考え方を生み出せるような能力の方が必要とされるだろう。スタンバーグはそれを「創造性」と呼んで、複数の知能の三番目に加えたのである。一般的に知能テスト成績の高い人は、創造性テストの成績も良い。だが、あるレベル以上（ＩＱ１２０以上）では、両者の相関は低くなる。つまり、創造性という能力には、知能テストで明らかにされる能力もある程度は必要とはいえ、それ以外の何かがあると考えられるのである。スタンバーグは、創造性には次の五つの要素が含まれていると指摘している。

まずは、「豊かな知識」である。知識が広く深いほど、さまざまな素材同士の組み合わせを作り出せる可能性は大きくなるだろう。知識を多く得るためには、当然ながらＩＱとしての知能が必要になるだろう。

知識の基本的な習得が終わったら、既有知識を新しい視点で眺めなおし、そこにパターンやつながりを見つけ出すことが必要である。そうした「想像力（想像的思考技能）」も、創造性にとって必要な要素になる。こちらは、ＩＱでは必ずしも測ることのできない能力だろう。

しかし、この二つの要素が揃っていたとしても、最初から成功できるわけではない。多くの失敗をものともせず、新しい経験に果敢に挑戦する「大胆な性格」も重要な要素であるとスタンバーグは言う。

また、何のために頑張るのかという動機の問題も関わってくる。人の賞賛を得たいとか、大金持ちになりたいといった外的動機よりは、新しいことにチャレンジする喜びや、対象自体に対する強い興味関心などの「内的動機」に突き動かされる場合の方が、より創造的になりやすいようだ。

そして五つ目の要素は、創造性が発揮されやすい「環境」である。ここでいう「環境」とは、周囲の人々との関係、周囲からの援助といった意味である。ディーン・サイモントンという心理学者が二〇二六名の優れた科学者、発明家などについて研究したところ、そのほとんどが良い相談相手を持ち、仲間からの援助を得ていた。彼らは、創造性と共に、仲間と良い関係を構築できる社会性も持っていたと考えられる。ノーベル賞を受賞するような天才と聞くと、社交性のない変人を想像してしまいがちだが、実際のノーベル賞受賞者たちは、社交的ではないとしても、他者と良い人間関係を築くことができる人であるようだ。これら三種の要素は、ＩＱとは全く関係がないと言えるだろう。

④知恵

スタンバーグによると、分析的知能、実践知能さらに創造性の他に、もう一つ別の知的能力があるという。それはスタンバーグが「知恵」と名づけたものである。知恵は文化によってさまざまな定義があるが、スタンバーグは知恵を以下のように定義した。彼によると知恵とは、自分の利害、他者の利害、さらに人類を越えた地球上のすべてのものの長期的な利害のバランスを考え、共通した善を達成しようとする知的能力のことだという。先に述べたオウム真理教信者たちは分析的知能には優れていただろう。実践知能と創造性についてはわからないが、知恵は確実に劣っていたと言える。彼らは自分たちの宗教集団の利害を最優先し、他者の利害にはまったく配慮しなかったのだから。

三　ガードナーの知能論

先ほど例に挙げた、学校の成績は目立たなかったが、絵の才能がある子についてもう少し考えてみよう。一般的に、絵の才能は、知能とは関係のない能力だと考えられている。しかし、心理学者のハワード・ガードナーは、普段「才能」という言葉で表現されているような能力も知能の一部だと考え、知能の概念を押し広げた。ガードナーは知的能力には六種類あるとした。その中の二種は、これまでいわゆるＩＱとして測定されてきたものと重複する能力で、「言語能力」「論理―数学的能力」と名づけられている。彼は残りの四種類の能力も知能の仲間に加え、それらを「空間能力」「対人能力」「音楽能力」「身体・運動能力」と名づけた。

①言語能力

言語能力とは、言葉を上手く扱える能力のことである。言語能力も論理―数学的能力も従来の知能テストで測られるが、両者は独立性が高く、言語能力が高い人が論理―数学的能力も優れているとは限らないとガードナーは言う。例えば、作家や詩人、あるいは俳句や短歌の名人には言語を巧みに操る能力が不可欠だろう。ガードナーは触れていないが、歴史に残る名演説を行ったアブラハム・リンカーンや、ウィンストン・チャーチルのような政治家にも、恐らくこの能力が備わっていたのだろう。ガードナーはこうした言語能力に優れた人の例として、イギリスの詩人エリオットをはじめ、数多くの欧米の詩人、作家の名前を挙げている。もちろん日本人にも、優れた言語能力を駆使して名著、名作を生み出した人々は数多くいる。

②論理―数学的能力

論理―数学的能力という言葉に見るように、学問としての論理学と数学は異なる歴史を持っていたが、現代では両者は非常に近い関係になっている。この点に関して、ガードナーは論理―数学的能力について「……数学者の才能の中で、最も中心的なのは、推理を巧みに連鎖させていく能力である」と述べている。同様に、二十世紀後半の優れた数学者であるアンリ・ポアンカレも「数学的証明は三段論法の単なる並列ではない。それは、ある特定の順番に並べられた三段論法で、それらの要素が並んでいる順番は、その要素それ自身より重要なのである。……なぜなら要素の一つずつは全体の流れの中であるべき位置に配置されているからである」と述べている。そして、こうした能力を体現した例としてガードナーが挙げているのが、アルバート・アインシュタインである。

③空間能力

空間能力とは、例えば、平面上に描かれた複雑な図形を三次元空間として把握できる能力のことである。反対に対象物を二次元の画面に上手く再現できる能力も、その一部と考えられる。山下清という貼り絵画家を知っている人も少なくないだろう。彼は、空間能力が非常に優れた人であったようだ。彼の作品に描かれた対象は、細部まで正確に再現されていて驚かされる。しかし彼は、いわゆるＩＱという意味での知能で言えば、知的障害と呼ばれる状態にあった。彼のようにＩＱは低いが、ある特殊な能力（絵を描く、音楽を奏でる、暗算をするなど）だけが並外れているという人は「サヴァン」と呼ばれている。ガードナーは、こうしたサヴァンの存在を根拠の一つとして、人の能力がいわゆるＩＱで測られるようなものだけに限定されないことを主張したのである。もちろん、サヴァンは極端な例で、ＩＱが平均的な人の中にも、空間能力だけが並外れているという人はこの世界にたくさんいる。ガードナーが空間能力の優れた人として挙げているのは、画家のピカソである。そして画家だけでなく、彫刻家、建築家、さらにはさまざまなモノづくりをする人にも、こうした能力が要求されるだろう。建築家が、空き地を見て、どこにどのような空間ができあがるか想像できるのも空間能力が発揮される場面である。

④対人能力

ガードナーの言う対人能力は、原語では personal intelligence と表記されている。この知能は、人についての理解の能力だと言える。時に、自分のことは自分が一番よくわかっているという人がいるが、本当にそうであるかは疑わしい。自分のイライラの原因がどこにあるのかわからないなどという経験は、誰にでも多少ともあるだろう。まして、他人の気持ちや感情に気づくことも、それを正確に把握することも難しい。対人知能の優れた人は、そうした自分の心や、他者のその時の気持ちを汲み取ることに長けていると、ガードナーは言う。ガードナーはこの対人能力を、自分の心をよく理解できる能力と、他者の心を理解できる能力の二種に分け、前者の例として精神分析の祖であるジークムント・フロイトを、後者の例としてインド独立の父マハトマ・ガンディーを挙げた。

フロイトは、人間が気づくことさえできなかった心の仕組みや働き方について、独創的な理論を生み出した。一方のガンディーは、他者の心の動きを知ることで、暴力に頼らずにインド独立という大目標を達成したのである。とはいえ、自分の心を理解することすらできない人に、他者の心を理解することなど到底不可能なので、両者を区別することなく、対人能力という一つの能力としてまとめられている。

⑤音楽能力、身体・運動能力

音楽能力と身体・運動能力については、改めて説明するまでもないだろう。楽器演奏や歌唱、作曲などの特殊技能を持つ人も、スポーツや、ダンスを華麗に披露する人も、周囲から称賛を受ける。ガードナーは音楽能力を持つ人物の代表例として、モーツァルト、メンデルスゾーン、ストラヴィンスキーといった、いわゆるクラシック音楽の作曲家たちを挙げているが、もちろんクラシック音楽以外にも多くの例があるし、作曲家だけでなく多くの演奏家たちもその列に加わる。身体・運動能力を持つ人物の代表例としてガードナーは、舞踊家の先駆であるイサドラ・ダンカンを挙げている。スポーツ選手として活躍する（あるいはした）人も例外なく、この能力を持っていると思われる。

これらの能力は、言葉で伝達することが難しい。名選手に詳しく説明してもらったからといって、普通の人には同じような妙技は決して手に入らない。同じことは、音楽能力にも言える。バイオリンの音で聴衆を魅了するには、訓練だけでなく、どのような音色で、どのような強さの音を出すべきかを感じる勘のようなものが必要だろう。

さて、ここまで見てきたように、数学が理解できる、言語を自由に操れるといった能力が、脳に由来していることは言うまでもない。同様に、人の心を理解する、空間を把握しイメージする、さらには楽器を自在に演奏する、巧みにスポーツができるのも、全て脳に由来している。つまり、脳のどの領域が優れているかによって、各人の能力の違いが生じるのだと考えれば、一方を知能、他方を才能と区別することはできないのかもしれない。また、脳損傷を被った患者が特定の能力（例えば空間認知能力）は失ってしまったとしても、別の能力（例えば言語能力）は保持しているという事実もあるように、脳はそれぞれの領域で担当する働きが異なっている。そうであるならば、脳のある領域が平均程度でも、特定の領域だけが非常に優れた働きをしていても不思議ではないのかもしれない。

四　感情知能

ガードナーのいう対人知能とほぼ同じ内容を「感情知能」という別の言葉で表現し、その存在を主張したのはピーター・サロヴェイとジョン・メイヤーである。彼らが提唱した感情知能とは、自分や他者の感情を知覚し、表現し、理解し、調整する能力のことである。第七章で紹介した、自分の感情がわからない、自分の感情を人に伝えられないという人は、この感情知能が低いと考えられる。

反対に、感情知能の高い人は、他者の感情に共感しやすい。そのため、誰かが動揺しているとそれに共振して自分も、感情に振り回されてしまうことも少なくないが、一方で自分のそうした感情を上手く調整する力も持っている。また他者の感情を正確に感じ取れるため、落ち込んでいる人にどのタイミングでどう手を差し伸べればよいか、争いをどうやって鎮めればよいかも知ることができる。

サロヴェイとメイヤーは、感情知能の高さを測定するテストを開発している。そのテストには短い物語、音楽、描画、人の顔の表情などからどんな感情が読み取れるかを問うたり、短い物語から登場人物の気分を推測したりする問題などがある。

こうしたテストは一定の成果を挙げてはいるものの、開発されてから年数が浅く（一九九〇年代に作成）、十分な評価を得ているとは言い難いのが実情である。

第九章

性格は変わるか？

同窓会などで学生時代の同級生の噂話をすると「高校時代はワルかったのに、まさか真面目一筋の警察官になるとは。人の性格って、結構変わるんだね」とか「昔から冗談好きだったけど、ジイさんになっても変わらないよな」などと性格談義に花を咲かせることも少なくないだろう。このように、日常的には「性格が変わった」例も、「性格が変わらない」例も両方見出せる。本当のところ、性格は変わるのだろうか、それとも変わらないのだろうか？

まずはちょっと立ち止まって考えてみると、そもそも性格とは何だろうか。普段、性格は「陽気な」や「優しい」などの形容詞によって表現されることが多い。こうした言葉は、その人の日頃の傾向や振舞い方を表現しているため、その人についてなんとなくわかった気になってしまうものである。

しかし、日頃どんなに「陽気」な人でも、失恋した翌日や、身内に不幸があった直後も陽気でいられるわけはない。また「優しい」も、なかなか曲者である。純粋に相手に対する思いやりに溢れている人もいるだろうが、自分をよく見せたいために、あるいは何か魂胆があって、優しそうに振舞っているだけである場合もある。他にも、優柔不断で相手に合わせているだけでも、はたから見ると「優しそう」に見える場合がある。結局のところ、「陽気」とか「優しい」などの形容詞だけでは、その人についてほとんど何もわからないに等しい。それどころか、そのせいで相手を誤解してしまうことさえあるかもしれない。日本語の辞書を開いてみると、人の性格を形容する言葉は数百に上るが、それらを全部並べてみたところで、その人について、満足に理解できたとは言えないだろう。さらに自分自身についてなら余計に、一言で表現などできない。

一　人を理解するための枠組み

結局のところ、人を知るためには、具体的にその人の何を知ればよいのだろうか？その問いに対し、一九九〇年代に一つの興味深い答えを提案した心理学者がいる。ダン・マクアダムスという心理学者は、人を理解するためには、三つのレベルで、その人についての情報を得る必要があると考えた。彼の言う三つのレベルとは、①他の人との比較によって得られる、その人の特性、②その人の関心事、③その人が自分で描いているライフストーリーである。それぞれのレベルで情報が集められれば、その人についてある程度「わかった」と思えるのだとマクアダムスは言う。それぞれのレベルについて詳しく見ていくことにしよう。

第一のレベル：特性論的性格論

心理学に馴染みのない人にとって「性格」とは、血液型性格論で見られるように、複数のタイプに分類できるもののように思われるかもしれない。しかし、血液型がA型だからといって全員が、どんな場面でも「几帳面」で「真面目」だと言い切ることはできないだろう。しかも人は、「A型の人は、こういう特徴を持っている」と言われると、そのように思えてきて、その型に合うように振舞おうとしたりもする。人をいくつかの型に分類しようとする考え方は「類型論」と呼ばれ、心理学にも古くからあった。類型論は確かにある程度は妥当するものの、どんな類型を作っても必ず例外になってしまう人がいて、すべての人間を数種類の型のどれかに完全に当てはめてしまうことは不可能である。

それに対して「特性論的性格論」は、タイプ分けするのでなく、性格の要素を列挙しておき、どの要素をどの程度持っているかによって人の性格を知ろうとする考え方である。ここで言う「特性」というのは、最初に例に挙げた「陽気さ」とか「優しさ」といった、人の性格的特徴の要素のことである。そもそも人は皆違っているわけだから、少数の型に当てはめようとすること自体無理がある。一方、特性論的性格論では、性格としてどのような特性を挙げておくべきかに議論が集中することになる。性格について描写した形容詞は数百にも上るので、どれを選ぶべきかは、なかなか難しい問題である。議論百出した結果、一九八〇年代後半なって、ポール・コスタとロバート・マックレイというアメリカ人の心理学者が、性格記述には五つの特性があれば十分であると主張し、これに「ビッグ・ファイブ」という名前を付けた。日本では「五因子論」などと呼ばれている。彼らは、これまでに提案されてきた数多くの特性を整理・分類していくと、結局は五つの特性に帰着すると主張した。その五つの特性とは、経験に対する開放性（O）、誠実さ（C）、外向性（E）、協調性（A）、神経症傾向（N）と呼ばれるものであり、五つの頭文字をつなげて「OCEAN」とも言われた。

「経験に対する開放性（O）」とは「新しい考え、方法や経験を受け入れる」傾向のことである。この特性の高い人は、現実的というよりは空想的で、美に対する関心や感受性が高く、また良くも悪くも感情に支配されやすい傾向がある。たとえば、長らく慣れ親しんできた食材や味は誰でもおいしいと感じるが、未経験の食材や味には抵抗があるだろう。ひと昔前なら西洋人にとって、生の魚など到底口にできるものではなかったはずだが、現在では世界中で寿司が愛好されている。これも「O」の特性が高い、食いしん坊の人が果敢に挑戦したおかげなのかもしれない。

ここでいう「誠実さ（C）」とは、我々が普段使っている「誠実」とは少しニュアンスが違っていて、秩序を重んじる傾向が強く、向上心に富み、自制心や義務感が強いことを示している。同時に成功欲求も高いが、慎重で冒険的にことに当たることはない。良い特性ではあるが、行きすぎた人がそばにいたら、周りの人はかなり窮屈な思いをさせられるのではないだろうか。

「外向性（E）」は「社会的付き合いや、活発な活動を好む傾向」のことであり、社交的で人に暖かさを感じさせ、喜び、幸福感などの肯定的感情が強い人がこれに当たる。また活発で、主張性、刺激を追い求める傾向も高い。

「協調性（A）」は「他者に対する無私の関心、親切心、愛他心」の高い傾向を言う。この傾向の高い人は同時に、人に従順で、謙虚であるが、その分少々気が弱い面もある。最後の「神経症傾向（N）」は、傷つきやすく、悩みを抱えやすく、不安や敵意、さらに抑うつを抱きやすく、衝動的に過剰反応してしまいやすい傾向である。こうした不安定さの背景には自意識が過剰であるという点が関係している。

これら五つの要素は、誰もが多かれ少なかれ持っているものであり、どの要素がどの程度多いか、少ないかによってその人の性格を表現することができるというものである。また、ビッグ・ファイブの提案者であるコスタとマックレイを含む、性格を特性の集合として考えようとする心理学者たちは、こうした特性が生まれつきのものであるとも考えている。そして、ビッグ・ファイブの特性については、遺伝的に受け継がれていくものであることを示すデータが数多くある。

これらの特性が遺伝的特質であるとすれば、性格特性は生涯変わることがないと考えられるだろう。実際、コスタとマックレイは、年齢とともに性格が変わったように見えるのは、外見の変化に加えて、特性の表現法が変わったためだという。さらに彼らは、自分たちが開発した性格テスト（NEO―PI―R尺度）を使って、同一人物を十年以上にわたって追跡調査し、五種の特性が時間経過の中で変わるかどうかを調べている。その結果、少なくとも三十歳以上の成人に関しては、それぞれの特性が非常に高い安定性を示していた。またこの安定性は、アメリカ人だけでなく、イタリア人、ドイツ人、韓国人など、その他の文化圏でも観察された。

しかし、たとえ五つの特性は生涯一定しているとしても、人生のどこかの時期に、自分の特性に気づくことは少なくない。そして、その気づきに従って行動を変えていくことはできるはずである。例えば、「外向性（E）」の低い、非社交的で、人とにぎやかに過ごすよりは一人で静かに過ごす方が好きだという人が、営業部に配属されてしまったとしたら、どうだろう。このような人にとって、初めて会う人と親しげに会話し、商品を買ってもらえるよう説得するなど、苦痛以外の何物でもないかもしれない。人によっては、その苦痛から抑うつ的になってしまったり、会社を辞めたいと思うようになってしまうかもしれない。しかし一方、「苦痛に感じるのは、自分が外向的でないからだ」ということを理解したうえで、自分なりの営業法を工夫することもできるかもしれない。外向性の低い自分でも、商品についての知識を十分身に着け、丁寧な商品説明をしたり、使用法などについてアドバイスしたりすることならできるかもしれない。決してにぎやかで明るい営業マンではないとしても、信頼される営業マンにならなれるかもしれない。「E」が低いという特性そのものには変化がないとしても、人は状況や必要に合わせて、その人なりの仕方で振舞い方を変えることはできる。

ビッグ・ファイブは確かに、その人が、他の誰かと比べて「より外向的」とか、「神経症傾向が少ない」などと記述することができるという点では有用である。だがもし、OCEANの五つの特性すべてがほぼ同程度である二人の人間がいたとしたら、両者はまったく同じなのだろうか。実際にはその二人は、大きく違っているかもしれない。そうだとしたら、その違いはどこからくるのだろうか? マクアダムス自身も、五つの特性は、その人がどういう人かを知るための最初の一歩に過ぎないだろうと述べている。

第二のレベル：動機づけ、価値観、防衛機制

マクアダムスの提唱する第二のレベルは、人がさまざまな人生上の問題をどうやっ

て解決しようとするのか、自分にとっての重要な人生目標は何か、それを達成するためにどんな方法を選択し、どんな計画を立てるかといった事柄からなっている。さらに、発達の途上でどのような問題を抱えていたか、あるいは何に一番関心を持っていたかなども含まれる。これらは、第一のレベルの特性と比べて、かなり可変性の高い要素であり、偶然に支配される部分も多い。マクアダムスによると、この第二のレベルは、特性とは異なるものであり、遺伝的要素ともあまり関係がなく、時間経過の中でかなりの程度変わっていくものでもあるという。

ここに、二人の男子大学生がいたとする。二人は背格好も同じぐらいで、性格的（特性という意味の性格）にも共通した部分が多いとしよう。だが、二人に将来の夢を聞いてみれば、二人の違いはわかってくるだろう。例えば、一方は将来政治家になって、日本や世界を変えたいという野望を持っている。もう一人は、安定した仕事に就いて、温かい家庭を築き、子どもたちの良き父親になりたいと語ったとする。この違いはどこから生まれたのだろうか？　親の教育や家庭環境、友達の影響だろうか？　それとも、尊敬する人物や影響を受けた本か？　もし二人が親子だったために特性が似ていたとして、父親と息子の時代は、一方が日本が好景気に沸いていた時代、もう一方が日本の経済が低迷を続け、若者たちが大きな夢を抱けなくなった時代だと考えれば、時代の影響だとも考えられるかもしれない。このように人を知るためには、その人のもつ特性だけでなく、その人の価値観とか人生観のようなものも欠かせない。だが、残念ながら現在までのところ、人の価値観や人生観と性格との関係について、ビッグ・ファイブのようなまとまった研究は心理学にはまだない。

この第二の水準に当てはまる要素の中で比較的よく研究されているものの一つに、「コーピング」とか「防衛機制（あるいは心的防衛）」と呼ばれるものがある。私たちは人生の中で、さまざまな嫌な出来事に出会う。失恋、落第、離婚、失職、病気、家族の喪失などである。さらに、個人の力ではどうにもならないような自然災害、戦争、経済不況といった出来事が個人を直撃することもある。できれば、生涯こうした出来事に遭遇せずに過ごしたいものだが、それは無理である。上に挙げたような大きな出来事だけでなく、友人と喧嘩したり、上司に嫌味を言われたりすることもある。事の大小は関係なく、嫌な出来事を経験した時、私たちは大なり小なりストレスを感じたり、不快な気分を味わったりする。怪我をするとその傷がヒリヒリと痛むのと同じように、心に痛みを感じる。体の傷に対して、白血球の数が増えたり、血小板が凝固したりすることで自然に傷が癒されるように、心の傷に対処するためのメカニズムがある。それが心的防衛・コーピングであると考えられている。心的防衛は防衛機制とも呼ばれていた。

少し心理学を勉強したことのある人なら、防衛機制というと、その言葉の生みの親であるジグムント・フロイトや、その概念の育ての親であるアンナ・フロイトのことを思い出すかもしれない。そのもともとの意味でいうと、防衛機制は、無意識の不適切な衝動（嫌いな誰かを殺してしまいたいなどの、社会的に承認されないさまざまな考えなど）を、意識してしまうのを防ぐためのものと考えられていた。この種の防衛機制の考え方は、一時は完全に、伝統的な精神分析学理論の独壇場であった。

しかし徐々に防衛機制は、不健康で望ましくないものというよりは、先ほど述べたような心の傷に対処するためのストレス対処メカニズムと考えられるようになっていった。それにつれて、名称も防衛機制から心的防衛へと変えられていった。

この心的防衛には、未熟なものから成熟したものまでさまざまな種類がある。未熟というのは、適応的でない、つまり社会的に受け入れられないという意味である。こうした未熟な防衛の一つに「行動化」と呼ばれるものがある。これはストレスを経験すると、不適応的な行動で反応してしまうことである。自分の思い通りにならないと、暴力沙汰などの犯罪行為に走ったり、不倫をしたりするなどがそれに当たる。それ以外にも、不愉快な出来事が生じた原因が自分でなく、別の誰かのせいだと考え、その人を憎んだりしてしまう「投影」も、未熟な防衛の例に該当するだろう。

一方、より適応的に対処しようとする方法を「成熟した防衛」と呼んでいる。その中の一つである「昇華」は、ストレスを社会的に望ましい形（例えば、芸術作品にする、人との望ましい人間関係を形成しようと模索するなど）に変換させるものである。同様に「学び」は、自分の苦しい体験から何らかの実際的知恵を学びとることで苦痛に対処しようとするものである。

人によって心的防衛の成熟度は違っており、何か不愉快な経験をした時に、その人がどのような対処の仕方を取るかは、その人を知るための一つの重要な手がかりになるだろう。普段は物静かで穏やかな人なのに、自分にとって望ましくない出来事が起こると、普段のその人からは想像できないような過激な行動や言葉が飛び出すことがある。こうした場面を考えても、人の性格を知るためには第二のレベルが必要であると言えるだろう。

このように心的防衛には多様な種類があるが、人によってどの心的防衛を主に用いるかは違っている。また、同一人物でも年齢によって変わってくるものだと考えられている。つまり、特性は生涯を通じてあまり変化しないのに対し、心的防衛・コーピングの仕方は可変的であると考えられる。

なお、先ほどから心的防衛とコーピングの二つを一緒のものとして述べてきたが、両者には微妙な違いがある。確かに、不愉快な事態に対処する仕方だという点ではほぼ同じものだが、コーピングには二種類の基礎的カテゴリーに区別されている。それは、「情動焦点型コーピング」と「問題焦点型コーピング」である。

情動焦点型コーピングは、その場の状況についての考え方を変えることで、ストレスあるいは不快な感情の程度を低減させようとする方法である。どんなに頑張っても状況を変えることができない場合、その状況に対する感じ方を変えるように自分を仕向けるしかないだろう。希望していた会社の入社試験に失敗すればがっかりするが、それを自分の能力のなさや、運の悪さなどのせいにすれば、ますます落ち込み、次の試験にさえ影響してしまいかねない。しかし、「大会社に就職するよりも、小規模で、フットワークの軽い会社なら、自分のやりたいことを実現しやすいはずだ」などと見方を変えてみれば、前向きになれるかもしれない。

これに対して問題焦点型コーピングは、ストレスを低減させるために、状況の方を変えようと試みることである。例えば、山積した仕事を時間内に終わらせなければならない場合、感情を爆発させてしまったり、「夜中に小人がやってきて全部終わらせてくれれば良いのに」などと非現実的な夢想に逃げたりするのは、下手な情動焦点型コーピングの例である。一方、一番重要な要件を明確にして順番に片付けようとしたり、適度に周囲の人に助けを求めて負担を軽減させようとするなどの方法は、賢い問題焦点型コーピングにあたる。

第三のレベル：アイデンティティ

人を知るための第三のレベルは、その人の「アイデンティティ」あるいは「人生物語」を知ることである。アイデンティティは、自分の人生の全体的な意味や目標として、自ら作り上げる物語の中に反映される。マクアダムスは、第一のレベルは、その人が「持っている」ものであり、第二のレベル「やっている」ことであり、第三のレベルは自分で「作っている」要素であると述べている。そしてこれら三種の情報を総合して知ることができた時、その人について知ることができたと言えると、マクアダムスは言う。

ところで、ここまで「性格」という言葉を使ってきたが、今日の心理学では、「性格」という言葉の代わりに「人格」と呼ぶようになっている。確かに、三種のレベルでその人を表現しようとしたら性格という言葉だけでは不十分だろう。

繰り返しになるが、人格を知るためのこの第三のレベルは、「その人自らが描く」ライフストーリーを知ることである。これは第三者によって書かれた伝記とは異なる。伝記としてのアルベルト・シュヴァイツァーや、マハトマ・ガンディーの生涯は、確かに事実的な正確さは信頼すべきものだろうが、ガンディー本人が抱いていたライフストーリーとはさまざまな点で異なっていると思われる。ライフストーリーは必ずしも事実を正確に表したものではなく、自分と、この世界についての主観的解釈に基づいたものである。

お年寄りの思い出話も、それぞれの人によって、さまざまに色づけがなされていることに気づく。ある人は経済的には豊かに暮らしているものの、自分の人生を、人から酷い仕打ちを受け続けた「可哀そうな人生」として振り返るかもしれない。その人のライフストーリーには、「自分は可哀そうな人」あるいは「自分の夢は必ず誰かに邪魔される」という基本テーマがある。また、別の人は、直面したさまざまな困難をすべて自力で解決したと自信たっぷりに振り返るかもしれない。その人のライフストーリーには「この世は自分なしでは動かない」「自分は常に必要とされている」といった基本テーマがあるのだろう。

一九五〇年代にジョージ・ケリーという心理学者は、人格の違いというのは、その人が自分を「どのような人物と思っているのか」、そして「どのような人物と思われたいと思っているか」に大きく影響されると指摘している。つまり、「親切さ」という特徴を重要だと思っている人は、周囲の人間を判断する際にも「親切―不親切」という次元で評価するだろうし、自分自身も、できるだけ周囲から「親切な人」と評価されるような仕方で振舞うだろう。このような「周囲からどう評価されたいか」という基準は、当然ながら時間経過の中で少しずつ変わっていくものなので、その意味でも人格は変わるものと言える。

ケリーの考えと同様に、今日でも、人格を個々人の認識の産物と考える理論がある。これは「認知論的自己理論」と呼ばれるものである。この理論では、自分がどんな人間でありたいかと考える主体も、あるいは自分の経験を解釈する主体も、「自分」であると考える。そしてその「自分」は、人生で起こったさまざまな出来事を、自分との関係から眺め、その人なりの仕方でまとめる。だから必ずしも常に現実そのものであるとは限らない。

多くの人は、経験から多少なりと学びながら、自分の自己像を少しずつ変更しようとするだろう。先ほども述べたように、私たちは誰でも、自分を「○○な人である」と認識しており、人からもそう思われたいと願っている。生活のさまざまな場面で、例えば自分が「賢い人」「愉快な人」であることを示せるチャンスがやってくると、それを立証するようなことを言ったり、したりする。そして、自分自身でも「やっぱり自分は賢い」と納得したり、「自分はどうしてこんなに場を盛り上げるのが上手いんだろう?」と悦に入ったりする。自分の認識と、自分の体験とが合致し、自分の認識を確認できる時、これは「同化」と呼ばれる。

ところが、自分を「賢い」と思っている人が、自分の知らない話題ばかりで、周囲の人たちの議論にまったくついていけないという場面に遭遇したとする。あるいは、自分より「愉快な人」が出てきて、自分がすっかり霞んでしまうという経験をしたとする。そのような経験がたび重なれば、彼らはこれまでの自己像の見直しを迫られることになり、自己像を少しだけ変更せざるを得なくなる。これを「調節」と呼ぶ。

こうして、自己像についての同化と調節の経験を繰り返しながら、人は自分の人生経験の意味を理解しようとし、その中にある矛盾した出来事を一つのまとまったライフストーリーの中に織り込もうとするのである。

これから人生の本番を迎える若い人は、まだ人生の経験が少なく、ライフストーリーと言われてもピンとこないかもしれない。しかし若い人も、自分の将来計画という意味のストーリーならそれなりにあるだろう。ヘーゼル・マーカスという心理学者は、「ポシブル・セルフ（なれるかもしれない自分）」という概念を提案している。将来「会社の社長になった自分」や「三人の子どもの親になった自分」といった具体的な姿をイメージする人もあれば、「人の憧れの的になる自分」や「世界を変える自分」のような、より抽象的な姿もあるかもしれない。いずれにせよ、もし努力して、運も良ければなれるかもしれない自分像を、若い時には心に思い描き、それが自分を突き動かしていく。もちろん、反対に「そうなりたくない自分像」というのもあるかもしれない。

いずれにしても、そのような自分像は、どういう学校に行き、どういう仲間と付き合い、どういう職業を選ぶかなどの選択に影響を与えるし、そうした自分像に少しでも近づくために努力しようとするだろう。しかし、なりたい自分像が現実にならないことを認めなければならない時がくるかもしれないし、なりたくない自分像を回避できないこともまた少なくない。そんなとき、人は否定的な自己評価や感情に見舞われてしまう。しかし、たとえ一時的に大きな失望を経験するとしても、ポシブル・セルフの見直しと調節が行われ、別のもっと現実的なポシブル・セルフに向かって歩みだすことになるだろう。こうした、作り直し、書き換えは、人生の中で何度か行われていくのだと考えられる。

さて最後に、本章のタイトルである「性格は変わるか?」に戻って、結論めいたことを考えてみよう。ただ前述のように、心理学では性格という言い方はしないので、正確には「性格は変わるか?」でなくて「人格は変わるか?」と問うべきだっただろう。そのうえで、結局のところ人格は変わるのだろうか? その人が生まれつき持っている基本的な特性は変わらないのだから、本質的には変わらないというべきなのかもしれない。ただ、その特性の表れ方、表し方は、人によっても違うが、同じ人の中でも人生の時期によって変わってくる可能性は十分ある。その違いを生んでいるのは、自分をどういう人間だと思い、またどういう人間でありたいと思っているか、この世界をどのようなものだと思い、どのように生きていきたいと思っているかということに根ざしているのだろう。そうだとすれば、人格は、生き方を変えることで、変わる可能性が常にあると言えるのではないだろうか。

「知る」というのは、多くの場合、楽しい作業である。今まで知らなかったことを新たに知って驚いたり、感激したりするのは、いくつになっても嬉しいことである。また時に、「知る」ということが、慰めになることもある。大切な誰かを失って、悲嘆にくれ、立ち直れないほどの喪失感に見舞われている時、同じような悲しみを背負う人が他にもいること、それも数多くいることを知って、慰められることもある。自分の弱さや欠点を、自分だけのものだと思って、苦しみ悩む人もいる。だが、人間の特徴を知ることで、自分と同じような傾向を持った人がこの世の中にはたくさんいると知れば、自分が異常なのではなく、むしろ普通だと思えるようになるかもしれない。今まで抱えてきた不安や苦しみから解放され、そのエネルギーを別の何かに向けられるようになるかもしれない。

学校での「勉強」というのは、その字面からも、やりたくないけど我慢してやらなければならないものという印象が強い。だが、本来「知る」という作業は楽しいものだし、時によれば、その人の人生に幸福をもたらすものにもなり得る。だから、学校時代の「勉強」の苦い思い出は忘れて、「知る」を楽しんで欲しい。

本書は放送大学で二〇〇六年から六年間開講されていた授業「心理学入門」の印刷教材（いわゆる教科書）として作成されたものを、学生以外の方にも読んでいただきやすいように書き直したものである。もともとの授業では、印刷教材に加えてテレビの放送教材が作成されており、心理学のさまざまな実験などが、映像として紹介されていた。また、筆者を含めた三名の講師が実際にテレビ画面を通して解説を行ってもいた。だから、文字だけでは伝わりにくい部分は、映像と語りとで補うことができたわけである。とはいえ、文字だらけの本書でも、読者の皆様の想像力で映像部分を補っていただければ幸いである。

本書を通じて現代の心理学について、少しでも理解してくださった方が、あるいは面白そうだと思ってくださった方があるなら、筆者としては望外の喜びである。

二〇二〇年　コロナウィルス騒動の渦中に

星　薫

ブックガイド　心理学をさらに知りたい人のために

◉序章

スーザン・ノーレン・ホークセマ、バーバラ・フレデリックセン、ジェフ・R・ロフタス、クリステル・ルッツ編（内田一成訳）『ヒルガードの心理学（第16版）』金剛出版、二〇一五年

◉第1章

アラン・S・ミラー、サトシ・カナザワ（伊藤和子訳）『進化心理学から考えるホモサピエンス――一万年変化しない価値観』パンローリング、二〇一九年

マーティン・セリグマン（山村宣子訳）『オプティミストはなぜ成功するか』パンローリング、二〇一三年

◉第2章

エリザベス・B・ハーロック（松原達哉、牛島めぐみ訳）『子どもの発達と育児』誠心書房、一九六八年

マーガレット・ハリス、ガート・ウェスターマン（小山正、松下淑訳）『発達心理学ガイドブック――子どもの発達理解のために』明石書店、二〇一九年

バーバラ・M・ニューマン、フィリップ・R・ニューマン（福富護訳）『新版　生涯発達心理学――エリクソンによる人間の一生とその可能性』川島書店、一九八八年

◉第3章

前野隆司『錯覚する脳――「おいしい」も「痛い」も幻想だった』ちくま文庫、二〇一一年

◉第4章

兵藤宗吉、野内類『認知心理学の冒険――認知心理学の視点から日常生活を捉える』ナカニシヤ出版、二〇一三年

ヘルマン・エビングハウス（宇津木保訳、望月衛閲）『記憶について――実験心理学への貢献』誠心書房、一九七八年

◉第5章

島宗理『応用行動分析学――ヒューマンサービスを改善する行動科学』新曜社、二〇一九年

◉第6章

ダニエル・カーネマン（村井章子訳）『ファスト&スロー――あなたの意思はどのように決まるか？（上・下）』早川書房、二〇一四年

フレデリック・チャールズ・バートレット（宇津木保、辻正三訳）『想起の心理学――実験的社会的心理学における一研究』誠信書房、一九八三年

◉第7章

ジョセフ・チャロキー、ジョン・D・メイヤー、ジョセフ・P・フォーガス編（中里浩明訳）『エモーショナル・インテリジェンス――日常生活における情報知能の科学的研究』ナカニシヤ出版、二〇〇五年

◉第8章

ハワード・ガードナー（松村暢隆訳）『MI：個性を生かす多重知能の理論』新曜社、二〇〇一年

◉第9章

渡邊芳之『性格とはなんだったのか？――心理学と日常概念』新曜社、二〇一〇年

創刊の辞

この叢書は、これまでに放送大学の授業で用いられた印刷教材つまりテキストの一部を、再録する形で作成されたものである。一旦作成されたテキストは、これを用いて同時に放映されるテレビ、ラジオ（一部インターネット）の放送教材が一般に四年間で閉講される関係で、やはり四年間でその使命を終える仕組みになっている。使命を終えたテキストは、それ以後世の中に登場することはない。これでは、あまりにもったいないという声が、近年、大学の内外で起こってきた。というのも放送大学のテキストは、関係する教員がその優れた研究業績を基に時間とエネルギーをかけ、文字通り精魂をこめ執筆したものだからである。これらのテキストの中には、世間で出版業界によって刊行されている新書、叢書の類と比較して遜色のない、否それを凌駕する内容のものが数多あると自負している。本叢書が豊かな文化的教養の書として、多数の読者に迎えられることを切望してやまない。

二〇〇九年二月

放送大学長　石　弘光

〒261-8586千葉市美浜区若葉2-11
Tel: 043-276-5111　Fax: 043-297-2781　www.ouj.ac.jp

星 薫（ほし・かおる）
心理学。放送大学准教授を経て、現在同大学客員准教授。主な著書：『物忘れの心理学』近代文芸社新書、『成人発達心理学』（編著）放送大学教育振興会、『危機の心理学』（共著）放送大学教育振興会、『発達科学の先人たち』（共編著）放送大学教育振興会、『心理学概論』（共著）放送大学教育振興会など。

1952年　東京都に生まれる
1974年　慶応義塾大学文学部心理学専攻卒業
1976年　慶応義塾大学大学院社会学研究科博士前期課程修了
1979年　同後期課程満期退学
1983年　放送大学就任
2015年　放送大学客員准教授（現在に至る）

シリーズ企画：放送大学

となりの心理学

2020年6月30日　第一刷発行

著者　　星　薫

発行者　小柳学

発行所　株式会社左右社
〒150-0002 東京都渋谷区渋谷2-7-6-502
Tel: 03-3486-6583　Fax: 03-3486-6584
http://www.sayusha.com

装幀　松田行正＋杉本聖士

印刷・製本　創栄図書印刷株式会社

Printed in Japan ISBN978-4-86528-282-5

放送大学叢書

心をめぐるパラダイム　人工知能はいかに可能か

西川泰夫　定価一八〇〇円＋税

こころとは一体何か？　神聖で不滅の〈魂〉なのか、それとも良く出来た〈コンピュータ〉に過ぎないのか？　アリストテレスの昔から、最新の人工知能研究まで、人類の探究の歴史をわかりやすくたどる心理学史物語。幕末から戦後へ、日本の心理学がたどった数奇な運命も一章を設けて解説します。

学びの心理学　授業をデザインする

秋田喜代美　定価一六〇〇円＋税〈三刷〉

教師とは子供の成長を幸せに感じ、そのことで自らも成長できる専門家のことである。教育心理学の第一人者、いまもっとも教師に信頼されている秋田喜代美が最新の学問的成果を、授業の実践方法として提示する。何かと教育が批判される困難の中で、教師と生徒が信頼関係を築くにはどのような視点と活動が必要なのか。だれもが共感をもって読める一冊。

〈こころ〉で視る・知る・理解する　認知心理学入門

小谷津孝明　定価一六一九円＋税

『万葉集』や『となりのトトロ』などを例にたどる心理学の基礎理論。フロイト理論や記憶のメカニズム、脳科学が明らかにした知見から、〝感情〟の仕組み、カウンセリングにおける認知療法まで、わかりやすく概観する。